读懂投资 先知未来

大咖智慧
THE GREAT WISDOM IN TRADING

成长陪跑
THE PERMANENT SUPPORTS FROM US

复合增长
COMPOUND GROWTH IN WEALTH

一站式视频学习训练平台

个人投资者
交易心理

(美)范·萨普 斯蒂恩伯格等 / 著

从 来 / 译

山西出版传媒集团
山西人民出版社

图书在版编目(CIP)数据

个人投资者交易心理 / (美) 斯蒂恩伯格等著;从来译. -- 太原:山西人民出版社,2015.4(2025.3重印)
ISBN 978-7-203-09009-0

Ⅰ.①个… Ⅱ.①斯… ②从… Ⅲ.①私人投资-经济心理学 Ⅳ.①F830.59

中国版本图书馆 CIP 数据核字(2015)第 060264 号
著作权合同登记号:图字:04-2015-027

个人投资者交易心理

著　　者:	(美)斯蒂恩伯格 等
译　　者:	从　来
责任编辑:	孙　琳
出　版　者:	山西出版传媒集团·山西人民出版社
地　　址:	太原市建设南路21号
邮　　编:	030012
发行营销:	0351-4922220　4955996　4956039
	0351-4922127(传真)　4956038(邮购)
E-mail:	sxskcb@163.com　发行室
	sxskcb@126.com　总编室
网　　址:	www.sxskcb.com
经　销　者:	山西出版传媒集团·山西人民出版社
承　印　者:	廊坊市祥丰印刷有限公司
开　　本:	710mm×1000mm　1/16
印　　张:	14.5
字　　数:	200 千字
版　　次:	2015年6月　第1版
印　　次:	2025年3月　第2次印刷
书　　号:	ISBN 978-7-203-09009-0
定　　价:	68.00

如果印装质量问题请与本社联系调换

全球不少顶级交易人的交易思维与其高超技艺一样声名远播。乔治·索罗斯会告诉你从后背疼痛中得来的所思所想；艾迪·塞柯塔认为，任何人都能在市场上实现最终目的；马丁·舒华兹认为求胜心大于求对心时，就成为业界的佼佼者。最重要的问题是，如果你不具备正确的思维，世上任何技术高手都无法帮助你成功。

本书汇集了官方个人投资杂志《SFO》中名列前茅的交易心理文章，有助于你发现自己最好的交易思维模式。这本合集探讨了管理思维、控制情绪、行为经济学和交易思维的内部运作。向领袖级权威学习交易心理，其中包括：

研究交易就是研究自己。进行交易时，迫使你以某些方法处理压力，完善自己的为人。

——布里特·斯蒂恩博格博士

如何能成就伟大的交易人？我首先看两个素质：个人的责任心和奉献精神，具备这两种素质的人容易训练成优秀人才。

——范·撒普博士

交易不是普通职业，交易人过不了普通生活。当个交易人，或许能维持生计；但如果不想百尺竿头更进一步，就不可能辉煌。

——亚迪恩·拉瑞斯·托福瑞，MNLP，MCH

一些交易人发现不久前还普遍被认为是糊弄人的"情绪"，摇身一变成了行业前沿。与基本面和技术型因素结合，情绪就成为分析股票、板块或整个市场的有力工具。

——伯尼·谢弗

市场是个严肃的女教师，她最强有力工具就是教会人类去欣赏人性——一群人的独特特性，这群人耐心等上几天，伺机出手。

——约翰·卡特

多数交易人交易失败的原因，与节食者减肥失败的原因相同。开始付出有方向性的努力比坚持努力容易得多。

——布里特·斯蒂恩博格博士和道格·福斯特二世

投资人经历失败和恐惧、沮丧和自疑是在所难免的，但是如何对待和处理这些情况，才是决定你是身在90%的大部分人中，还是跻身10%的盈利投资人之列。

——迈克·埃尔文博士

爱荷华州锡达福尔斯市849号信箱50613
www.w-apublising.com

目 录

第一部分 交易类型：哪种适合你？ ······················· 1
  第一章 你怎么想？ ··· 2
  第二章 削尖铅笔：来场交易人测试 ································· 11
  第三章 你的交易血型是哪种？ ··· 18
  第四章 确定你的交易 ·· 24
  第五章 交易教练很必要！ ··· 33

第二部分 管理智力、情绪和风险 ······························ 39
  第六章 诊断交易人：通过自测提高业绩 ························ 40
  第七章 交易魔鬼消减你的潜力：四位专家讨论交易智力游戏 ······ 47
  第八章 你的心智过滤器被污染了吗？ ····························· 62
  第九章 如何成为百折不挠的交易人 ································ 68
  第十章 为什么你无法扣动扳机 ·· 76
  第十一章 坚持交易方案 ·· 83
  第十二章 男女交易人互补 ·· 88

第三部分 交易学 ··· 99
  第十三章 交易心理和行为金融学 ···································· 100

第十四章　行为经济学：投资人究竟如何做决定 …………… 106
第十五章　别成了山顶洞人：控制天性，成为理性投资者 …… 112
第十六章　本会、本能、本该：管理后悔情绪，提高投资效益 …… 120
第十七章　优先原则：情商和小投资者 ………………………… 125
第十八章　群体思维 ……………………………………………… 133

第四部分　交易头脑 …………………………………………… 141
第十九章　找到境界：交易心理游戏的新观点 ………………… 142
第二十章　弗洛伊德会怎么说：漫步在弗氏心理的致富路上 …… 151
第二十一章　爱上蜥蜴脑并发家致富 …………………………… 158
第二十二章　训练大脑：利用直觉和理性交易 ………………… 163
第二十三章　理性和激情 ………………………………………… 169
第二十四章　乔治·索罗斯：如何知其所知 …………………… 173

第五部分　创造健康的平衡状态 ……………………………… 187
第二十五章　全职交易：可有闲暇生活？ ……………………… 188
第二十六章　借助三个R和积极思维保持心态 ………………… 193
第二十七章　百尺竿头更进一步：管理交易和生活之间的拉锯战 …… 200
第二十八章　实现平衡：交易生活两不误 ……………………… 207

术　语　表 ……………………………………………………… 213

第一部分　交易类型：哪种适合你？

不少交易人认为，获得巨大成功的关键与掌握技术指标和重要基本面的报告有关，他们在研究先进的波浪理论、随机指数指标或收入报告上花费了无数小时和金钱。但即使你是个技术或基本面奇才，也得会启动交易、进行止损并撤出亏损交易。你脑子里如何思考，起码是和图表一样重要的内容，至少可以这么说。

第一步是确认你的交易经验对你是否合适。你的交易风格就像你的指纹一样具有个性。你的个性、每日计划和对风险的承受力，会透露很多你该投资什么的信息。什么促使你去交易。你是天生的日交易人还是长期共同基金投资人。你最适合外汇市场还是猪肉期货。

如何才能成就伟大的交易人？诸如聪明、态度、坚韧和决断都很重要，但同样需要有很多练习和勤奋。学习交易无异于学习其他生活中的高级活动。人都是边做边学，专家则是亲手进行有步骤的反复实践才练就的。

心理学在理解我们获取信息和练就技能的方式上获得了长足的发展，让急于求成的交易人大开眼界。

我们还提供了交易人的自测内容，看看你是否具备成为成功交易人的个人特性和潜质。范·萨普推陈出新，广泛调查了伟大交易人和投资人的素质，将其作为能否在市场上获得成功的要件。去试试，看看你能得几分。

第一章 你怎么想？

布里特·斯蒂恩博格博士和道格·福斯特二世

在介绍我们专有的培训公司配备的培训项目之前，先要做一个声明。交易刊物上有太多的文章毫不掩饰地推销作者的产品或服务，这些商业信息可万万不能全盘接受。我们在介绍自己的培训项目时，不会怂恿准交易人去用，也不会想要说服读者放弃自己的日间工作，把交易作为全职工作来做。你随后就会明白，我们的确有很多理由，根据我们的经验，劝说你不要采取上述行动。我们反而会用我们的培训项目说明开发交易能力的学习过程，以及心理学辅助学习曲线的方式。

交易心理学一般与技巧的联系，这些技巧帮助交易人控制情绪、提高自制力并增强决策能力，但却忘了一点——心理学始于明确学习原理的实验科学。从19世纪那些开创性调查开始，心理学在了解我们如何获得信息和技巧方面取得了重大进步。我们在第一章里会探究其中一些进展，并举例说明其在交易技巧发展方面的作用，利用为专业交易人配备的培训项目中得出经验。

我们开始举办培训项目时，利用了布里特作为医学院教师的经验，将课程分为入门（"实习期"）和高级阶段（"住院实习期"）。医学教育原理概括起来就是一句流行语"看到、做到、教到"，就是说人们学习首先是通过观察，其次是在指导下做，再次是指导别人。这不是说教学法就不重要了，课本学习和课堂仍然是医科学生第一年的大部分教学内容。但说到应用，看和做的动手实践是无可替代的。

第一部分　交易类型：哪种适合你？

对学习心理的调查强烈支持了这种教学方法。安德斯·埃里克森博士进行和审核的研究发现，在大多数领域（艺术、体育和棋类等技巧性活动），获得专业技能要通过用心练习。奥林匹克运动员和棋类高手这样的专家总是比非专业人士投入更多时间，进行有组织、有目的、有评估的练习。圣克鲁兹市加州大学调查员迪恩·基斯·赛孟顿博士表示，大量证据显示，要经过10年这种强度的练习，才能达到伟大的水平。基于这一事实，无论多少时间的讲授或学习，也无法产生技术娴熟的外科医生、艺术家或交易员。学习外科知识要通过观察外科医生的操作，协助他们在模型上练习技巧，实施简单的步骤，最后才能逐渐成为更高级的外科医生。我们同样发现，提高交易技能也是从观察和反复练习开始。

培训项目的入门阶段广泛介绍了不同的交易市场。虽然内容很简略，但非常类似于医科学生在最初的四年培训里接受的教育，包括观察成功交易人的教学指导和有步骤的交易实践。每一个练习交易环节前都有一系列的目标需要小组实现，比如限制亏损交易的规模。每一节末尾的反馈会注重交易人达到目的的能力。

掌握要素

学习过程的关键在于用目标和快速反馈来组织练习。对体育心理的调查发现，如果训练包括具体的目标并对实现目标进行快速反馈，运动员的训练成果就很大。埃里克森审核的一套有意思的研究显示，冠军棋手很少是出于兴趣来玩。他们玩的时候，就是为了研究开局、锤炼起死回生的技巧，等等。同样，被动跟踪市场的收益与注重进出交易的具体指南而进行方向明确的实践时获得的收益，不可能相同。

棋类大师无意消遣玩法或许还有第二个原因。辛格、豪森布拉斯和珍奈儿在其佳作《运动心理学手册》第二版（威立出版社，1991年）中表明，将任务分解并有系统地各个击破，有助于加强学习效果。举例来说，刚开始学习下棋不会一开始就学如何下整盘棋，而是有一个学习重点：先学习开局和策略，然后是注意中盘、防守和终盘。学习武术也差不多，先是学习很多单个招式，然后才是练习和比赛。

我们的经验是交易新手都常常想通过实际交易来学习如何交易，这就像武术新手开始就参加比赛。将交易过程分解为组成因素，比如形态识别、下单执行和交易管理；再大量重复练习这些构件，如此更有可能掌握长期有效的技巧。

找个导师

很多因素让我们确信导师是交易技巧增长的核心一环。

防患于未然：价格在金融市场的变化分布显示出了"大尾"特性。这些异常现象的出现次数远远超出我们在日常条件下所做的预计。类似事件有：新闻和意外的经济报告爆出的当下就出现大幅波动。因为不常发生，令人防不胜防。有经验的导师可以帮助交易新人辨别市场的异常交易，并相应调整交易。就像主治医师帮助医科生辨别书本上没见过的疾患，资深交易人则提醒新交易人异常运行的市场。

创建有建设性的学习环境：交易人天性好战，还愿意对不确定、疑虑和挫败一吐为快。导师能够给交易人提供一个开放论坛，让他们畅谈会在市场上看到或看不到的情况。他们还会提供一个发表建设性批评的安全而隐蔽的场所，而交易新人不会觉得受到威胁或被严厉评判。

支持：随着交易逐渐从场内一个很紧密的人际渠道转移到屏幕，专业交易人难于从同行那里积累高招受益。导师往往是成为行内交易人的内在程序，有经验的交易人会照顾甚至支持自己的徒弟。这让无情、激烈的竞争环境取而代之成为巨大的支持。通过屏幕学习本领的交易人往往缺少这种支持，但还是要在挑战性一点都不低的环境里竞争。

第一部分　交易类型：哪种适合你？

一切全在练习

《运动心理学手册》中的调查还显示，模仿在提升技巧中非常有用。大量交易软件程序，如 eSignal，会提供模仿板块，让交易人演习实时战略。虽然这些模拟不会完全体现真金白银的交易压力，但却是纸上谈兵和真刀真枪之间的有效桥梁。更重要的是，能够进行在前面提及的交易构件上进行重复交易并附带盈亏回馈。

作者和同事还注意到，体育上的心理演习能产生有效训练的效果，特别是在表现认知方面。比如说，交易人能够通过构建模仿交易日中一个时段的有指导性的假想交易节，有效演习他想在交易中采用的心理模式和指令。经过一段时间这样的练习，新交易人就会更加了解自己如何处理风险和挫折，在监督下表现如何，对基本交易原则的贯彻程度如何。最重要的是，他们也和医科生一样，知道了以下两个问题的答案：

- 我真的想以此为生？
- 是的话，我该专攻哪一个交易领域？

找到自己的合适位置

后一个问题的重要性无以复加。有人有时会听说，交易一个市场与交易另一个市场无甚区别，交易就是交易，但我们的经验则与此迥异。在一个市场领域（如股指）成功的交易人，不一定就能对付得了另一个市场领域（如外汇）。就如药物的特性有不同的主治功效，不同的交易（倒卖股票、跨期交易、仓位交易、任意交易、系统交易）需要独特的一套技巧。要发现交易人、交易风格和市场之间的默契程度，再好不过的方法就是实际观察一个人的热情高涨、垂头丧气以及在不同境况之间的发展变化。

发现交易人、交易风格和市场之间默契的重要性还得到了心理调查的支持。赛孟顿的研究表明，非常成功的交易人很早就表现出对其领域的禀赋和激情。交易人如果发现了激起其兴趣和动力的契机，就更有可能成功。我们发现，如果交易人对所交易的市场和交易方式有特殊的契合关系，他们最可能在培训中获得进步。

高级学习

医科学生刚完成四年的培训后，还没资格执业，甚至还没有获得执照。要想执业一般还得再经过几年的住院培训，让新医生掌握一个专业。

主治医师会认为随着培训的进展，他们会承担更大的责任。同样，高级班的学生会从很小的仓位开始，逐渐增大仓位。医学格言"首先是不能伤害"同样对新交易人适用。最初的目标是学出来。对新交易人的一个金玉良言就是增加仓位必须有近期交易结果作为支持，必须有能力交易两手之后，才敢丢掉一手亏损交易。在模拟模式下能盈利了，再动真的。交易不是目标，交易成功才是目标。

成功所需的个性

以下所列的是调查人员在所选领域发现的、与很可能获得成功有关的几个个性：

高度自信：麦金农总结说："真正有创造性的人会认为自己是个有责任心的人，有做人的使命感。"

能不断努力：凯瑟琳·考克斯早就调查发现："功成名就的年轻人不仅具备高智商，而且还能坚持目标和努力、相信自己的能力，而且个性很强。"

进取：迪恩·基斯·赛孟顿认为："在任何事情上保持荣誉感，发挥性格中的认知和动力功能。对创造者和领袖来说，荣誉感能促使智力和进取心发挥积极作用。"

热爱自己的事业：赛孟顿进一步发现："没有发自内心对自己事业的热爱，天才也无法坚持多少时间。因此，我们或许应该说，所有能激发（创造性）人类能量的动机都会汇集到一个行动上——偏执狂般地全神贯注。"

第一部分　交易类型：哪种适合你？

我们刚提到过在最初几周的学习中，能够解决两个问题：想成为交易人的愿望和选择擅长的交易领域。尚未解决的问题是，意气风发的交易人是否真的具备交易人所需的能在经济上独立的技巧。这么说不是没有理由，而是心理学调查证明的。如果能力和专业的提高需要持续的认真练习，学生就不可能在短期内见识大量的技巧，特别是零零散散地学习不同的技巧和不同的交易领域。布鲁克林学院的亚瑟·雷伯博士调查发现，人们要花费数以千计次及时回馈的试错练习，才能学会辨认和预测数据中的复杂形态。在真实交易条件下不断练习，并观察技巧的运用，需要的不是几个星期，而是几个月，交易人学的过程没什么独特。对年轻棋圣的研究发现，对棋手分级时，唯一一个最重要的确定因素就是他们在认真学习和训练上花费的时间。加拿大安大略麦克玛斯特大学的珍妮特·斯达克斯及其同事研究了花样滑冰和音乐演奏领域的训练因素，并发现练习付出高强度的努力和精力时，才最能带来成功。因此，演习的质量而不仅仅是数量才是高级班的重点。有人会在不太理想的条件下练上几个月，但还是无法在技艺上取得有意义的进步。

辅导在运动、音乐和武术这样的领域非常重要。学生很难把握难度水平：既可以练就技能，又不至于让人挫败、丧失信心。就像是练健美的，体重器目标设定的太低不会练就力量，设得太高又会带来伤害。最有用的培训往往是难度稍稍高于学生能轻而易举达到的水平，这个水平就需要教练来设定和监督。

在表演界，高级学习的共同特征就是正式的指导和监督。在交易界，我们同样发现，坐在屏幕前的交易人如果仅仅指望观察市场、俯首就能发现交易，并能进行交易，这样的想法是不现实的。（我们会让一个新棋手坐在棋盘前就说"走……"吗？）有效的培训需要导师，要一对一根据各个交易人的技能和进展因材施教，调整教学进度。

做记录

交易人也会从其交易数据记录中受益。这些数据包括基本盈亏，但还可能包括不同交易条件下交易形态的详细信息。比如说，日志可能不仅包括当天的交易总结，还会描述每笔交易附随的市场条件（早上还是下午、趋势有无、波动高低等），让交易人回顾一下不同交易市场的战果，突出优缺点，能够为将来的学习目标奠定基础。

积累交易数据的另一个隐含好处在于学习调查。只要看看交易人的交易形态，就会首先发现他们取得的进步，随后还会表现在盈亏的明显提高上。打眼一看，好似新交易人一下子取得了长足进步，好像打通了任督二脉，盈亏值终于转红了。但实际上，这就好像学习过程的最后一步，首先在认知和行动上表现出变化。这恰恰是我们在咨询和心理治疗中观察得到的变化过程。心理压抑的人在认知疗法上表现出效果改善（即在工作和关系效果上有收获）前，首先会改变处理信息的方法（检测认识扭曲），然后会改变对人生境遇的反应（通过在现实中测试消极假设来对抗）。这些改变不是一下子就能看到的，但会为家庭和工作中可见的行动改变奠定重要基础。

交易人也会进行重要的内部改变，最终表现在盈亏总额上。在几周内大起大落中赔钱的交易人在那些摆动指数量降低时会做出有用的改变，即使是整个周的盈亏保持相对稳定。这其中的原因是：摆动指数高往往是因为持有时间拉长，反映出死硬派正在走出盈利和亏损交易。有时，不愿见好就收会带来更大的收获，但也会随时间推移产生超额损失。交易人虽然顽固，但在控制完美主义和挫败上有进步的话，摆动指数就会降低。

给有抱负的交易人的箴言

我们一开始就说明了为什么不吸收或鼓励人们干交易这一行。下面就是一些原因：

● 交易人的学习过程不见得比成功音乐家、运动员或棋手的学习时间短。盈亏的重大增长要花上几个月才能获取也是司空见惯的，稳定的获利还需要等更长时间，干这一行需要付出巨大的努力和无比的耐心。大多数交易人折戟沉沙与节食者减肥失败的原因一样。

第一部分　交易类型：哪种适合你？

- 如果一家具备先进科技和内部导师的专业培训公司需要大量时间帮助交易人盈利，交易人凭自身获得相似成果的机会就会非常小。希望通过自修来获得高水平的能力无异于在同等条件下想成为世界级的运动员或音乐家这是毫不现实的。我们很难找出哪个成功的运动员、科学家或艺术家不经过专职练习和教练指导而能有任何伟大成就的。

- 学习的过程意味着交易人必须有非同一般的资金维持教育经费。大量个人交易人资金不足，而把交易当成迅速致富的方法。与此相反，市场的学生在获得足以维持生计和交易费用的支票前，就预计到了要熬过这段时间。无法理解这一行的真实状况是个人交易人获利较低的一个主要原因。

- 根据我们的经验，交易的学习过程并没有什么不寻常的开始和终止。在这个意义上说，很像医学，需要持续教育才能跟上不断变化的技术和医药发展。在牛市中学习的交易人会在熊市中遇到困难；在波动中成长起来的那些人会突然发现自己在波动有限市场上成了菜鸟。交易成功不仅仅在于让自己飞黄腾达，而是在市场变化中不断重塑自己的挑战。只有非同一般地致力于奋斗一生以及真正热爱学习，才能坚持这种努力。

你具备所需的素质吗？

阿诺德·路德维希经过研究所著的《伟大的代价》（吉尔佛出版社，1996年）总结了在不同领域实现伟大成就所需的要素。他描述的因素包括特长、独有天赋和争当第一的动力。愿意克服看似无法逾越的困难，这也是我们在培训中发现的，坚持、有明确的认识和行动力，是否能取得进步的区别就在这里。没有能力，再培训也没用。争取成功的持久动力也不是培训能提供的，培训所做的是将这些力量引导到持续的学习中。心理调查表明，有组织的学习、及时反馈以及不断地指导在所有赛场都能促进学习效果。有了这些因素无法保证就能成功，但没有这些几乎可以肯定会导致失败。

布里特·斯蒂恩博格博士是纽约州立大学上州医科大学锡拉丘兹校区的精神病学和行为学临床副教授。他担任芝加哥金斯特里交易公司的交易人开发负责人，指导专业交易人并调整交易人培训项目。斯蒂恩博格是活跃的股指交易人，将根据统计得来的形态认识用于日内交易。他还写了《交易人绩效强化策略》（威立出版社，2006年）和《交易心理学：认识市场的工具和技巧》（威立出版社，2002年）。斯蒂恩博格的交易档案和博客请见 www.brettsteenbarger.com，市场分析博客请见 www.traderfeed.blogspot.com。

道格·福斯特二世是电子交易独立咨询师和芝加哥动物园交易集团的股东之一，该集团专门研究技术和新市场。福斯特起步于芝加哥交易所的固定收入交易员，是电子交易的早期先锋，并参与设计了前端系统。此前他在简屏公司和金斯特里交易公司从事软件技术工作，新创交易工具、管理市场零售服务并管理和培训新交易人。福斯特在芝加哥罗耀拉大学学习经济学。本文首刊于2005年7月的《SFO》。

第一部分 交易类型：哪种适合你？

第二章 削尖铅笔：来场交易人测试

范·萨普博士

自测一下，看看你有没有成为成功交易人必需的技能和素质，你会大获全胜还是一败涂地？涉足交易界很容易，根本不需要通过什么测试，不需要展示你是否具备任何特殊知识，所需要的是一笔钱，填一堆表格来向经纪人证明你不会赔得让他们无法填补你的损失。一旦通过这些简单条件，就能开始与在市场上谋生的许多专业人士一决高下。对大多数人来说，最终的结果通常是一个代价很惨重的教训。

我到1982年已经有了三次这样的教训：1962年我买了自己的第一只股票，眼睁睁看着它从8美元涨到20美元，然后一切归零，那时我还根本没意识到，我几乎违背了所有我今天传授给交易人和投资人的基本观念；大约12年后，我眼看着价值20 000美元的账户在6个月内灰飞烟灭；然后在1982年，我发现保证金会让你亏掉所有的老本。

我在1982年获得心理学博士学位，可能是有了这个，我才认识到我的交易有形态可循。我一头扎进市场，钱就溜得很快；而且，我的大多数交易都是亏本买卖，而最后的苦果可能与我自己有关。

投资心理装备

我开始进行大量调查，要找到伟大交易人和投资人具备的素质以及我所缺的素质。到1982年底，我已经开发出了一套测试来衡量人们具备的素质，我把这个测试称为投资心理装备。几年来，这个测试证实是宣布市场上能否成功的伟大预言家。

整套测试有176个问题，一些问题涵盖了我调查中显示的对投资和交易成功很重要的10个方面。本章介绍一个小型测试,让你大概明白自己可能的位置。在讨论伟大交易人和投资人的素质前,先做做文末的自评或许对你有些帮助。

这个小测试能让你大概了解自己的位置,说来有5 000位交易人都已经利用了所有的投资心理装备。做完测试,用最后一页方框内的计数器看看得分。

虽然经过测试可以衡量你的市场技术水平,但可能你感兴趣的远远不止于此。你的优劣势在哪里?如何能与全球顶尖的交易人一较高低?

顶级交易人和投资人的素质

如何成就顶级交易人?在与人共事时,我一开始就会留意两个素质:责任感和奉献精神。具备这两项素质的人容易培养成杰出人才。

责任感。责任感可能是顶级交易人和投资人具备的最重要的素质,这是一切的核心。因为随着人生历练,你可以想到自己要么是自食其力,要么就是随遇而安。靠运气或他人的所作所为过活是行不通的。

认为自己是自食其力的人将交易当成一个学习过程,他们不断拷问自己"我是怎么得出这个结果的?"确定导致不理想结果的行为中的形态,市场变成了大学,他们能学习如何改正错误并提升自己。

反之,认为成功是由于运气或其他外部因素的人,往往会一次次重复同样的错误。例如,我早年遭遇交易惨败时,会觉得我的经纪人在我一采取行动时就向华尔街发信号,让其他人都反其道而行之。我当然是一直重蹈覆辙,直到我认为我的境地可能在某些方面是咎由自取才停止。很多人都很难有这个认识,但一旦你能走到这一步,就会得到丰厚的利益回报。

信奉。将投资和交易当做商业那样对待,才会在市场上获得成功。这就是说,你愿意做必要的工作来开发商业计划和基础,来确保取得成功。奠定基础需要工作和研究,一般只有那些为了成功能够在所不惜、奉献一切的人,才能做到这一点。沃伦·巴菲特曾表示,要成为投资人,应该非常了解所有上市公司。当有人回应说,上市公司可有8000多家呢。巴菲特的回答是:"那就从第一个开始吧。"

我们发现那些无法全心全意的人,不会为成功做些必要工作,任何一个小挫折都会让他们心生退意，所以到头来，他们通常会落到交易亏损的境地。如果你是医生、工程师、IT 专业或任何一类专业人士，要想找到一份对口工作，就要证明自己有所值。虽然交易市场上没有这样的标准，但市场却有严格的成功标准。通常只有那些尽力在市场上成功的人才是非常有奉献精神的人。

如果一个潜在交易人具备前两个素质，他就能容易学会并吸收成功必需的其他素质。每一个素质都在于你如何思考和看待这个世界（你的心理构成），心理和交易的联系远比大多数人认为的紧密。那我们就来一个个看看这些素质，以及为什么其可能会预示着成功。

高低压保护。感到有压力时，身体将肾上腺素输送到血管，将血液从头部分流到主要肌肉。你现在准备好要逃离掠夺者或与之一搏，但还没太准备好面对市场。血液从头部流失后，处理纷繁复杂的市场信息的能力就降到最低了。如果一重重压力压下来，而你毫无防护时，你在市场面前就溃不成军了。但如果有了过压保护，其压力数量减少，你就是市场的主宰。

积极态度。你不是在和市场交易，而是在和自己对市场的看法做交易。例如，如果你认为趋势跟随在市场上适用，你就会寻找趋势并寻思如何顺势而动；如果你认为价值交易有效，那你就在动能强劲的股票前束手无策，因为你觉得价值被高估了，你反而会寻找价值被低估的股票，因为你持有的观点往往会造就你的交易行为。

如果现在你对自己的未来和成功潜力持有否定态度，该怎么办？持有这种观点的人会让消极情绪对自己的所有交易活动带来不利影响。如果你认为会亏钱，那你就很可能会亏钱。

心无杂念。有无杂念是跟信奉相关的。如果你全心全意想着交易成功，没有丝毫杂念，那你就是完全认定了。但杂念的任何因素都会削弱你的信念。那什么是杂念呢？

假设你想要交易成功，但却认为交易人对社会毫无贡献；或者认为在市场上赚钱就是伤害别人，而你却不想伤害；或者你想在市场上赚很多钱，但也认为金钱是万恶之源，这些就是杂念。你对交易成功越看重，杂念越少，那就越可能获得成功。

独立思考。优秀的交易人和投资人往往是独立思考,不会受到邻居、电视上的权威、甚至是任何骚扰其交易方法的事情影响。顶级专业人士反而是自有一套方法来形成低风险方法、管理止损增收的交易,并有一个控制仓位算法来帮助实现目标。其他人对市场和仓位的七嘴八舌根本不会影响他们。

有效决策。心理学家近20年对人们如何决策做了大量调查。大多数人好像有无数决策捷径,反而会让他们的决策效率低下。实际上经济学中已经出现了一个新门类,称为行为金融学,用于研究金融市场上的无效决策。心理学家丹尼尔·卡尼曼和经济学家阿玛斯·特维斯基因这一前景理论而获得2002年诺贝尔经济学奖。简而言之,这一理论就是人们往往会在亏损时冒险而在获益时小心翼翼,也就是说,他们不太认同交易的黄金法则:"趁早止损,但要任利润增长。"

因此顶级交易人和投资人的另一个素质是,他们会磨炼自己的决策能力,并克服无效决策的不由自主的偏见。例如,如果你一定要对所有仓位都决策正确或你强烈希望控制市场,那你很可能就是做出了无效决策。

直觉。大多数优秀交易人和投资人对市场非常有感觉。他们用了很多年研究市场,要找出一个或更多对他们有效的方法。有了这个基础,他们也会培养出第六感觉,知道什么时候错了或不对劲。那是不是说最优秀的交易人和投资人都是靠直觉交易?非也,根本不是这么回事,反而是意味着他们已经形成了知识和技能的充分积淀,能够有效管理仓位,即使异常情况发生时也不在话下。

冲动行事。你是不是有时觉得掌握市场于股掌之间让你热血沸腾?日间交易让你意气风发,带着赚快钱的想法入市,虽然可能只落得亏钱快。但这就是你,沉迷于交易的激动人心。

如果恰如你所言,那我可说不出来让你高兴的话。伟大的交易人和投资人会避免这种冲动,他们认为这些冲动行为是错的,一般会让他们付出代价。事实是,做好买卖真的是非常无聊乏味,交易人必须一直遵守自己的规则,逃离亏损交易,忍受下跌,并不计一切避免会让情绪激动的行为。

有组织的技能。伟大交易人总是具备杰出的有组织的能力,能让他们看到大局势(即宏观经济),以此决定他们应该重点关注的市场类型和交

第一部分 交易类型：哪种适合你？

易，还能帮他们形成商业计划，指导自己的交易。

最重要的是，好的有组织的技能能让交易人开发出适合自己的交易系统。为此，就要发现匹配自己认识的系统，这些认识包括你是谁、目标是什么、市场如何运行、如何选择正确的市场去交易、如何入市（或者提前退出时如何再入市）和退市、如何盈利以及如何确定仓位来实现目标。

优秀交易人和投资人对上述问题都有坚定的看法，因此他们能一步步认识到自己的看法，然后形成适合自己想法的系统。而且，他们知道自己对好系统的标准，然后能成功利用该系统交易。

交易能力小测试

回答下面所有问题，指出你认为其是对是错。想想你在市场方面的行为或看法有何典型特征，并以此作答。要老老实实呦！

1. 有利空消息我就卖出。□对□错
2. 一旦做出交易决定就很少改变。□对□错
3. 有时买入只是为了在市场上保持活跃。□对□错
4. 担心不该担心的事。□对□错
5. 写下交易原则并经常复习。□对□错
6. 工作重于娱乐。□对□错
7. 市盈率为7的下跌股票与市盈率为27的快速上涨股票相比，前者很可能是一个更好的长期投资。□对□错
8. 一起床就热烈盼望白天的到来。□对□错

得分如何？

如果你的答案与以下答案相同，圈出那个答案。在本框底部，写出你圈出的答案数。如果你圈出了第四或第八个问题，每个问题要加上两分。

1. 对 2. 错 3. 对 4. 对 5. 错 6. 对 7. 错 8. 错

圈出的答案数（第四个和第八个答案各计两分）_____

你具备所需的素质吗？		那你得了几分？
责任心	_____	25分以上，你很可能具有成为伟大交易人/投资人的素质。
信奉	_____	
压力保护	_____	15分以上，你很可能在一般水平以上，但你还要很努力。
积极态度	_____	
心无杂念	_____	15分下，问问自己是不是真的想在市场赚钱。
独立思考	_____	
有效决策	_____	
坚实的直觉基础	_____	
不冲动	_____	
有力的组织	_____	
总得分	_____	

你的位置在哪里？

现在你觉得你的位置是在哪里呢？首先做做上一页的小测试，让你找到起点。如果得分不错，那么在入手前就要好好想想，免得亏钱。

然后，根据表中的每一特性如实评判自己，分三级评分。如果觉得自己在某一特性上特别突出，就定为三级；如果觉得自己在该方面成绩显著，就评为二级；如果只是想过，而从来没有实践过，就定为一级；如果完全忽视了该领域，就要庆幸自己现在认识到了，但你在该领域得分为零。

成绩如何？如果你得了5分以上，那市场很可能对你来说险境丛生，除非你自己做了大量工作。

如果你有2到5分，很可能就优于平均水平，但在市场面前还是有问题。如果得分不足2分，那你很可能在市场上成绩斐然，要么就是你知道怎么应试了。

答案往往会预测出,你如果想成为成功的交易人或投资人,可能会在哪一方面遇到问题。

范·萨普博士创建了国际交易大师研讨培训公司,自1982年起就指导交易人和投资人,并被杰克·施瓦格写入其著作《金融怪杰》(科林斯出版社,1993年)。他还写了《通向财务自由之路》(麦格希出版社,1998年)、《透过当日冲销电子交易追求财务自由》(麦格希出版社,1998年)和《财务自由的安全策略》(麦格希出版社,1998年)。更多心理装备信息请访问 www.iitm.com。本文首刊于2006年7月的《SFO》

第三章 你的交易血型是哪种？

伊兰·莱维·梅耶尔

可能在这一行业我所拥有的最大奢侈品就是很多交易人的经历：不同的个性、人生计划和风险资金水平，他们分别在各自不同的市场交易。大多数睿智的交易人知道，一些个人交易者会随时间慢慢提前退出盈利交易，而其他却死死抱着亏损不放，这样就很可能根据这些交易人的正确"交易餐"，匹配不同的"血型"对号入座。显然我们这里所说的不是医学上的血型，但比喻的说法可以一针见血。在实践中，根据交易人的个性确定其血型（最适合个人的交易类型），然后再根据个人的资金量、经验、风险承受和计划看看适合哪种口味，这并不太难。

就像饮食一样，不是每个人都一样；在交易上也是，所有的交易人不会都用一个方案。在决定是否取消碳水化合物而增加纤维摄入量，或直接对某些市场敬而远之之前，还是要做一点自测，首先从个性入手。例如，你是思前想后还是意气冲动？是耐心还是急性？认识强弱项，然后让关系好的人指出这些个性的优劣势。脸皮厚一点，这都是为你自己好。

为了进一步了解自己的个性，保持交易记录有助于确切了解具体特征以及如何影响交易。别忘了，了解自己的个性是一回事，了解交易时的个性可是另一回事。虽说对孩子要耐心是好事，但对亏损交易还能坐等就不是好事了。交易记录能让交易人重新浏览盈亏交易，认清助力成功或导致失败的因素。

讨论了内部特征，可别忘了回顾外部因素：计划和风险金。在交易上，要放长远并严肃考虑时间和风险金的承受量，别自欺欺人。此外，还要看看

第一部分 交易类型：哪种适合你？

如何利用时间和风险金。审查一下交易的市场、交易风格和利用的分析周期，这个市场、风格和分析周期是否适合你的风险金和个人计划？是否适合你的个性？

进行自测在决定你应该进行哪种交易时绝对非常重要，之后有举例说明。但首先让我们来看看交易血型和其各自的对策。

血型和交易策略

这里可没有 A 型阳性血或万能血型，就我们的目的，我们会区分为 NT 型、PT 型、DT 型和 ST 型。

NT 型（不交易）。你真的合适做期货交易吗？这是首先要问自己的问题。期货交易需要有冒险精神，当然也要有能力承受风险。任何人考虑投入期货交易之前，都必须明确地回答这些简单的适应问题。那些不愿意冒险、没有风险金可供支配（且收入的开销没有富足）、没有时间投身到这一非常具有挑战性的事业中的人，就归类为 NT 血型。对其恰当的饮食建议就是别沾手交易，禁碳水化合物、禁卡路里、禁纤维、禁脂肪、禁食。

PT 型（仓位交易）。那些提心吊胆或没头苍蝇的人可以划归为 PT 血型。这种人该怎么养生？显然这种人需要规定饮食制度。形成这些制度首先要在交易之后做些功课，一旦制度到位，就要根据这些原则来检验所有的交易计划，因为在 PT 先生或女士进行每一项交易前，交易必须检验达标。这时就该为交易做好从头到尾的方案，每一个可能的行动方案都要设想出几个不同的情况。可能这也是借助全职经纪人的帮助，他或她的工作就是帮助执行这些原则，以避免让没头苍蝇失去理智或帮助那个畏头畏尾的交易人采取正确的行动。

DT 型（日间交易）。一些交易人就是不能在家里办公，这会破坏他们场外生活的质量，让他们觉得不舒服。大多数人天生急躁，往往交易过度，他们觉得有必要一直置身市场，因为他们害怕错失好机会、害怕亏损太多。这种血型就是 DT 型。

耐心、纪律和策略是这类人的主要饮食构成，但当然不止这些，必须制定每日止损，而且每日交易记录对他们帮助不小。成功日间交易的正确培训周期包括学习、规划、程序、求生，直到交易人发现交易确立点。既能轻松入手，又能获得高成功率。这里注意：DT人面对的最大障碍往往是找到确立点的耐心，因为做的是日间交易，他们认为不交易就是没干活。他们必须要克服这个对思想有害的想法才能生存，日间交易人并不意味着必须频繁活跃在市场上，只是必须在交易段末尾保持平价，要回家一身轻。

ST型（波段交易）。还有尽力跟随市场大流的交易人，从不同支撑和阻力水平之间的市场幅度或交易幅度市场中，从少到多逐步获利。很多人在一段时间内都能玩一把。在死守这种方法时，会陷身在亏损之中无法自拔。这种人就划归为ST血型。

大多数波段的交易人最大的问题是承受亏损的能力。很多交易人，甚至是那些还可以说优秀、表现稳定的交易人，有太多次持有了大亏损交易而一败涂地。这种不撞南墙不回头、不能承认行动错误，仅仅事关希望，不是交易的问题吗？有过上述经历的人知道自己是怎么回事，应该准备一份ST食谱——设置止损，要明白即使是最优秀的交易人，经历的亏损交易也多过盈利交易。算起来很简单，因为很多市场会盘整交易，有时候多空双方都会亏损出场。一些交易就是不见效。底线是一个人的盈利交易量应该多于亏损交易。

两个交易人如何改变了食谱

以下两个例子综合了我长期合作的多位客户的特征，指出了一些交易人在琢磨何种交易食谱最合适时必须注意的问题。例子中的人名有所更改以保护无辜者和有过者。

卡伦是我第一批客户之一，一位聪明敢闯的女性，就职于一家大公司的人力资源部。头两年她做了一些盈利交易，但总体上账户资金减少了。

卡伦每天忙忙碌碌，会议无数，经常出差，但坚持做股指期货日交易。我试图给她指出另一个不同的方法，但她坚持己见。

有一段时间，她所有的交易都不如意，面临追加保证金的问题，这时

第一部分　交易类型：哪种适合你？

才采纳了我的建议。我和卡伦交流时，她平常的自信态度变了，如惊弓之鸟，不再企盼下一个交易日到来了。亏损了大半资金后，她再三思量做了一个交易决定，这个往日自信、敢干和独立的交易人现在对外部不同简讯和其他来源的建议来者不拒，她已经走投无路了。

一个长假周末后的早上，卡伦给我打电话，用稳定自信的声音告诉我退出所有仓位。周末时，她看了一两本书，与丈夫谈了几次。很难说是哪个原因产生了这个"顿悟"，但她现在想试试不同的方法。认真考虑后，卡伦认识到她有时冲动、倔强，根本不现实（对一个DT可没好处）。

虽然就目前的工作安排和心态，她显然没有时间学习如何成为日间交易人，但她意识到，无论做哪个分析周期的交易，她的习惯做法和专注点必须完全改变。她现在在日间或晚间花30分钟浏览市场；调节了交易规模，适应更长期的方法；但最重要的是，她有了方案，并且适合自己的工作安排。她不用在忙得焦头烂额的时候做决定，开始寻找长期趋势，并不需要每个小时都进行交易决策。

卡伦最终明白了如何将交易成功融入自己的生活，而同时也不耽误另一个高要求的职业。由于改变了习惯做法、行动和交易风格，她的账户在近两年中有所增长。

约翰在四年前涉足交易，他看起来是个非常随和的人，但一副公事公办的样子，顾不上谈天说地。他有丰富的股市交易经验，从一开始就想做在线交易。约翰住在西海岸，是一家房地产公司的代理，在互联网牛市股票交易中大赚特赚，直到市场出现了做市商。他本人自信、乐于学习并相当自律，当时的纯风险金就有25 000美元，对一个期货交易入门人来说足够了。

日子一天天过去，我每天早上浏览客户每日报表时，发现约翰都在交易咖啡。他不仅交易咖啡，有时也日间交易咖啡。我告诉他，如果他愿意，我很高兴和他谈谈不同的市场。他会不时打电话，核对完成指令并询问不同报告。

几周之后，他打电话说会到洛杉矶，想一起吃个午餐见个面。午餐时，他提起了最近几笔亏损期货交易时的困惑，这时他的账户在6个月后剩了约14 000美元。我问他为什么要日间交易咖啡，他说他的姐夫是咖啡进出口商，对他会有帮助。咖啡市场开盘时间从西部时间早6：15到晚9：30，非常适合他的工作时间表，但我后来发现，交易不适合他的个性。

我让他开始做交易记录，让他客观审查并发现有利和不利的行为方式。约翰的记录显示，他对公开叫价的咖啡市场上指令完成缓慢不适应，因此他退出盈利交易太快，退出亏损交易却太慢。他是冒失鬼，有时交易的仓位过大，不是他能承受的。

我建议给他的交易食谱做点小改动，建议他交易美国国债和迷你股指期货，这两者都是电子交易，能够立即执行指令。这些市场非常适合他的工作安排和个性。我觉得这两个市场对日交易和波段交易都很适合，并对资金管理和交易管理提了一点建议。第一个就是他应该设定最大日亏损量，并以明显方式摆放出来作为提醒。第二个就是每日盈利目标，虽然执行起来有点难，但如果能在下跌到日最大亏损量或达到日盈利目标时退出市场，就能让他的交易人生涯长得多，也能让他日后有更大机会获胜。换句话说，走长路要谨慎而行。

约翰仍然在亏损，但已经有所进步。以下几个秘诀对他有所帮助：他不是一次性买卖五份合约，以这种方法开始和结束交易，而现在是以三的倍数逐次投入交易。约翰以往就是应该买多的时候直接买五份合约，在觉得需要获利或止损时卖出五份合约。

现在约翰入市（假设是买多）的时候，他会买入六份合约，并且对这六份合约全部设定止损。起初，他会在头两份合同中注重小利润。（知道"我这笔买卖赚了"能在心态上对他有帮助。）然后他会提高止损，改为同时看四份合约。根据支撑和阻力线，他会留意另外两份合约的第二个利润目标。如果实现利润目标，最后两份合约上他就可以有激进点。实际上，他现在知道如何管理交易，以提高获利能力。而且可能同样重要的是（根据他的个性），在大波动发生时，他不会觉得被漏掉了，仍然锁定了利用第一和第二目标获得的小利润。

第一部分　交易类型：哪种适合你？

现实点

要想在期货交易上赚钱需要勤奋和付出时间，而且新交易人从一开始就需要脚踏实地、不断反省，时时关注风险金。初学者应该从小额开始，定时检查，从错误和成功中学习。

与生活中的其他事情无异，从节食、运动到工作和事业抉择，没有万能方法。任何人在交易成功前，必须有时间去做功课，并确定自己的强项和弱项、方案、风险金、交易经验和知识。只有上述内容都到位了，交易人才能选定适合自己血型的交易食谱。

伊兰·莱维·梅耶尔自 1998 年就担任商品经纪人，现任 Cannon Trading 公司、E-futures.com 和 E-mini.com 副总裁。伊兰还担任 LEVEX 资本管理公司首席投资策略师，该公司提供短期、多样性和动能交易的商品交易咨询。他的联系方式为 ilan@ cannoncapital.com。本文首刊于 2004 年 7 月的《SFO》。

第四章 确定你的交易

克里斯托弗·泰瑞

我们都想"万无一失"地来玩这场交易的游戏，无论是突破买入、下拉或卖空上涨、消除跳空，又或者利用随机指数、MACD指标和移动均线。这些都很好、都不错，但我们要问自己的真正问题是：我们做的交易是否合适？我们的交易风格真的适合独特的特点或个性？

我最近与一位关系密切的交易人的朋友玛丽有一次非常坦率的交流。本文就是关于她的交易故事。玛丽是个非常聪明的人，但她想在市场上赚钱还是有些困难的。在每次跳空下跌时买入、在跳空上涨时买空、进行波段交易、上涨旗形时买入和下跌旗形时买空、逆趋势交易，当然还有突破时交易。她抓住能发现的一切机会来交易，但运气却不佳。她向我说明了自己的交易标准、具体的交易想法、买入的原因、止损和利润目标的设置方法，她所说的从某点上都说得通，那为什么没犯错却赔了钱呢？听起来都对，但到她这就变成错的了，是她交易过度还是交易不足，抑或……

可能还有不少像玛丽这样想要做好交易、在市场上赚钱的人。他们也像她一样，没有确定的交易方案，缺乏适合自己的清晰明确的策略帮助自己步入交易成功的轨道。

我刚开始还认为我可能会指出玛丽犯的一些非常明显的交易失误。我自问，玛丽有无可能在交易纽交所股票时，应该用5分钟图而用了60分钟图，诸如此类的失误。我问她的每个问题都会引出一系列的新问题，我到最后才搞明白她是怎么成交的、个人特色如何以及适合她的交易。

第一部分 交易类型：哪种适合你？

我并未就此打住，想起了这几年来我联系过的所有人，看来他们每个人都面临一模一样的危机。也就是说，他们显然都不清楚在反省时该审查哪里，才能决定自己的风格或交易到底是哪一个。没有自己的风格和交易，他们还会一再失误，破坏有可能成功的市场关系。

我作为交易人和导师，几年来与交易团体保持了非常密切的关系。最近几年，我担任一个股市聊天室的版主，每天都能了解其他交易人营收和个性以及他们的成交因素。我还在不同的研讨会和专题讨论会上发言，由于这种出头露面，我有幸与那些急切而不远万里来听交易讲座的人交流，并向他们学习。我还有意密切观察交易人的看法和动态。

我曾经是国内一位最大股票交易人的助理，现在则是专职的专业交易人，受到过新市场怪杰琳达·布拉福德·拉斯奇克的亲自指导。实际上，我现在已经是她的合伙人了。这或许让我看起来会比别人麻烦少点，但我在很多方面和玛丽没什么差别，有过同样的遭遇，与很多其他交易人一样经历过相同的成长痛苦。我多次质疑过自己的天赋和能力，瞎忙了很多年才找到合适的交易。

毕加索一生创作了两万多幅作品，但这并不是说，谁拿了毕加索的画笔就能成为伟大的艺术家。同样，能坐在李柏瑞斯的钢琴前，就能弹得像李柏瑞斯一样。他们两人都有自己的专属领地、自己的风格以及行之有效的方法，这仅适合他们而不是别人。

确定自己的交易，知道什么对自己有效

我们听一些优秀的交易人说他们有自己的商业计划或交易方案，这到底是什么意思？他们如果想去尝试，在冒险向市场投资之前会问自己一堆问题。首先，有没有一个可靠的方法，能保证获胜概率大于亏损概率。

他们有没有正确工具来衡量某一天的市场环境，如：

● 市场是否已盘整到处于突破模式？例如，市场是否正在探明趋势，开盘位于波动的一个极值，而收盘位于另一个极值？

● 或市场最近一直在确定趋势，现在处于盘整情况，此时交易量萎缩

引发平淡的盘整交易波动，此后才会发生突破，周期再次开始。

● 抑或交易现在是否处于假期环境、届满环境下，或该周内联邦公开市场委员会会是影响因素吗？

和玛丽交流的时候，我的问题会引出很多问题，直至我们能够清楚她的交易。我问她最喜欢交易哪些股票？道琼斯股票还是股指——银行股、生物科技股、石油股、开采股、纳斯达克100？那公共事业股票和经纪人交易商股票如何？这是形成策略的前几步。一旦我们启动这一程序，就并非如我原来预计的那么艰巨。

她最终向我说明，她的很多损失发生在买抛纽交所股票并希望能恰当交割时，但结果并不理想。另外她喜欢交易浮动更大的纳斯达克股票——科磊、Q逻辑半导体、博通、微软、eBay和高通，等等（总计有15到20只股票，根据其波动和价格选取）。其他还包括纳斯达克100指数ETF-PowerShares（QQQ，纳斯达克检测股票）、标普500指数 ETF-SPDR（SPY，标普检测股）和DIA（道琼斯检测股）。最终她表示倾向于标普和纳斯达克期指数与迷你股指期货，原因就是杠杆和对冲利益。因此，这是第一步——确定交易股票和指数。

我们中间能有几个人把一个个股票都交易一次，然后发现纽交所一些股票的完结并非最容易的？或者我们觉得纳斯达克波动太大，不适合我们，我们更喜欢纽交所股票。因此，老老实实问自己：我交易的股票、期货或其他什么到底是哪些？哪些产品适合我？石油？制药股？纽交所还是纳斯达克？迷你股指？道指？我到底有没有喜欢的交易产品，或者说什么有波动我交易什么？

分析周期是哪个？

锁定玛丽喜欢交易的股票类型后，下面要做的就是找到她最喜欢的那个分析周期。例如，1分钟分析周期是个非常短的分析周期，但短是个相对概念，还是要取决于交易人自己的合适程度。一些交易人不喜欢用短分析周期，更愿意关注几个小时或几天。还有些交易人根本无法在市场上停留那么长时间,他们会焦躁不安,玛丽就是其中之一。她根据经验得知,她无法几小时或几天都持有这支股票,但她也想避免非常短的分析周期。

她的弱项和随后的损失都是在日图上进行波段交易或使用了60分钟或120分钟图造成的。她无法承受交易不利时的急切心情,对玛丽来说,那些长分析周期就是绕圈子,而在1分钟赚点小钱又太快、太哗众取宠了。结果,她最终每天有50次进出市场,有些许收入。赚的不多,倒是给经纪人付了大把佣金。

我们总结出她最喜欢的交易分析周期是5分钟和15分钟,明显喜欢的是5分钟。那就是说她只看15分钟图吗?不是。实际上,玛丽在四个监视器上观察一系列分析周期图,要找到更长分析周期的支撑和阻力线。但她仅在15分钟图上执行交易,这是她适宜的水平。你是利用基点图或1分钟图一天交易50到100次、获点小利的日交易人?还是喜欢持仓后等上几小时或几天看看结果?

有了最适合她个性的明确股票清单和分析周期,我们接着看其他因素。

认出好用的价格形态

下一步找出玛丽不用特别费力就能辨认出的价格形态。我问她是喜欢通道、三角形,还是楔形、上涨或下跌旗形、头肩形、斐波那契回调,抑或盘整模式下的突破操作。如果市场曲折下跌到突破点,她可能会想在当天的第一个30分钟或45分钟后在新高处买入或在新低处买空,或许也不这样做。

玛丽觉得她最善于发现高概率形态,例如看涨和看跌旗形(旗形形态是在趋势方向上的持续形态)。旗形在技术分析的早期就伴随着我们了,被认为是较高概率交易的确立点之一。简而言之,看涨旗形就是上涨趋势中的买入形态;看跌旗形就是下跌趋势中的一个卖出形态。玛丽认为,既然这是个非常容易辨认的形态,而且顺趋势交易要好过逆趋势交易。这会是她最好的交易价格形态。(看涨旗形示例见图1,看跌旗形示例见图2。)

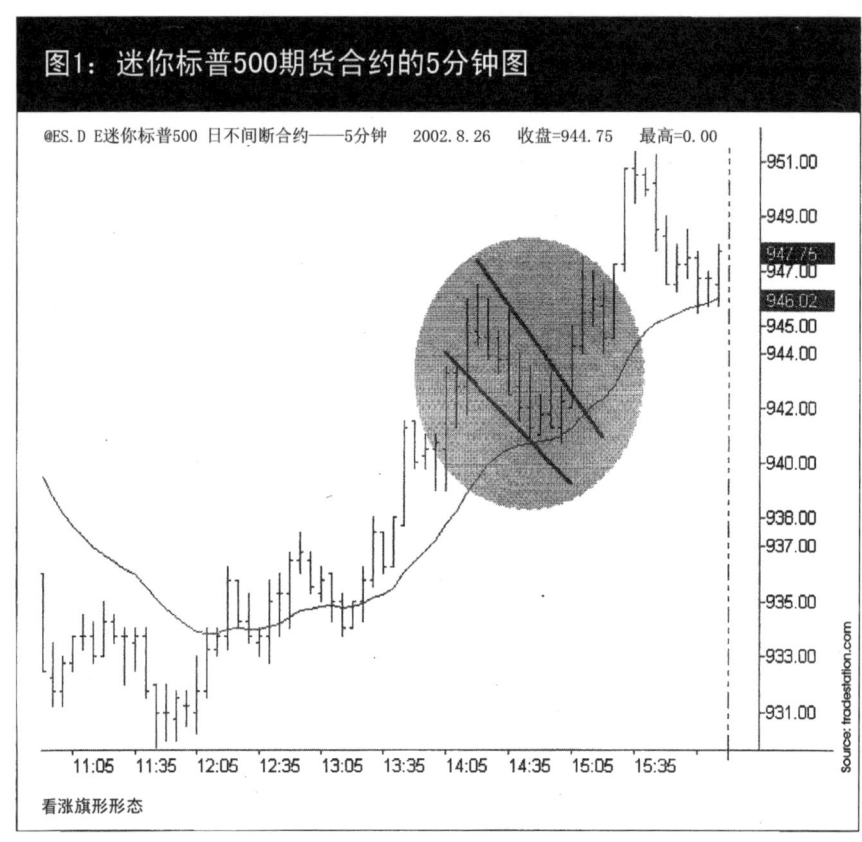

图1: 迷你标普500期货合约的5分钟图

看涨旗形形态

    这时，就该根据玛丽喜欢交易的股票和期货以及她感觉用起来最舒服的分析周期和图形形态，开始确定风险和收益目标，可以说方法就是把点连起来。我向玛丽解释说，我在所有的图形上都喜欢用20个时段的指数移动均线，而且我认为它会作为上涨趋势中的短期移动均支撑线，还可以用做下跌中的短期移动均阻力线，这样我们也将这一移动均线融入她的交易方案。图1和图2的示例中显示了这种移动均线。

    你的形态是哪种呢？你有没有发现不断持续重现的一个好形态，能让你每天借助其进出市场？还是你有许多不同的确立点，像扔飞镖一样击中哪个目标算哪个？找出你最喜欢的形态，并且熟练掌握。

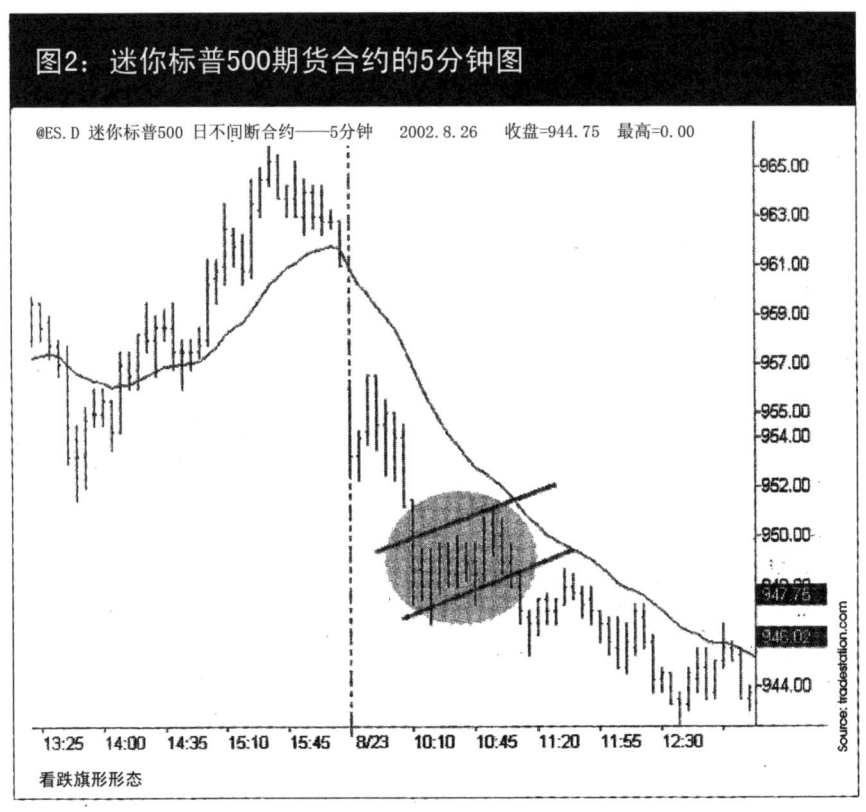

图2：迷你标普500期货合约的5分钟图

看跌旗形形态

哪个指标震动你的闹钟?

下一步就是了解她偏好什么指标，例如 RSI、随机指数或 MACD。借助多种现成的研究，我们推定她在 5 分钟图上用设置为 5、3、3、1 的短期慢随机指标时感觉最好。我还需要向玛丽说明，指标只会验证价格形态透露给交易人的信息。例如，上涨趋势中的回调是买入机会；慢随机指标在超卖时会验证价格形态（图 3 显示，随机指数进入超卖状态时会验证）。她以前是同时用几个指标，我就向她解释，如果用的指标多于一个，她或许会发现同时面对买卖信号，结果无法采信任何一个。这就好像一手各戴一只手表，如果两个表的时间不同，就无从知道真实时间。因此，交易人应该留意用起来感觉好的某一个特定指标。

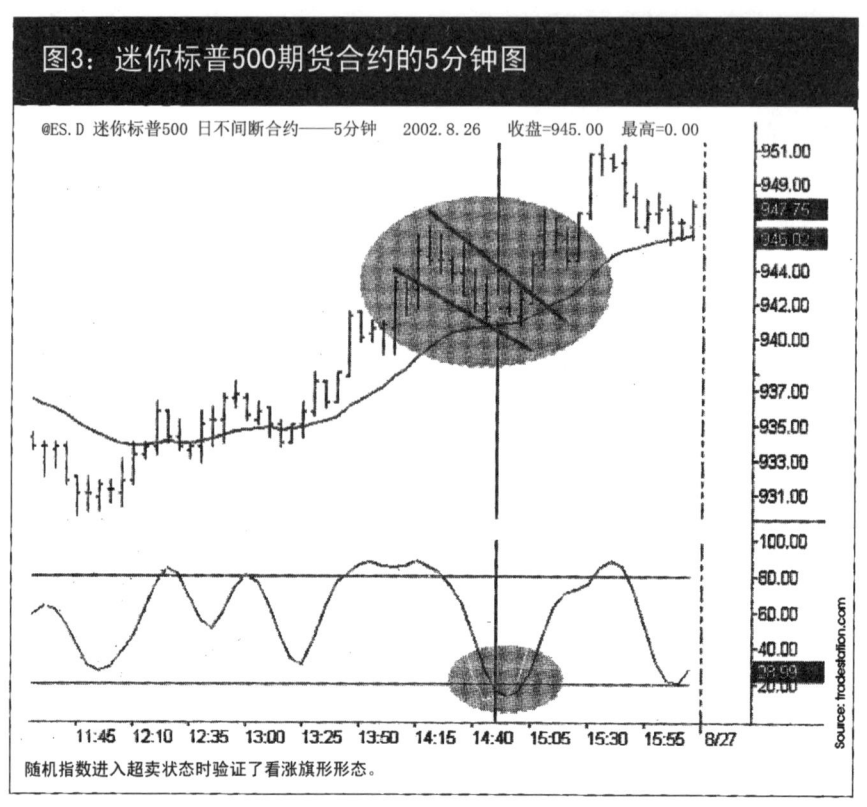

随机指数进入超卖状态时验证了看涨旗形形态。

承担风险的能力有几何？

下面就要考虑确定风险和目标的水平，依据的不仅仅是资金量，还有图表、形态和市场趋势。最高价和最低价都提高就形成了上涨趋势，我们在图4中可以看到上涨趋势。要想这个趋势在这一分析周期内保持有效，我们就要看看价格回调的最低价是否高于上一个提高的最低价。在这个例子中，上一个增高的最低价是939.00，市场回调到940.75，因此这笔交易的风险在2个点左右。我对玛丽说，交易的风险有时太高，可能有4到5个点；有时风险则不大，或许1到2个点。我解释说，风险也会确定入市的仓位大小。一份标普微型期货合约相当于50美元/点，对大额标普合约来说，价格会有该值的5倍，即250美元/点。而且，她的风险水平无疑会是决定仓位的因素。满仓会是5份迷你股指合约，风险一般是2个点，即

500美元（250美元×2个点）。换句话说，如果交易要求4到5个点的风险，那么她的合约规模必须降低，以适应她愿意承担的资金值风险。

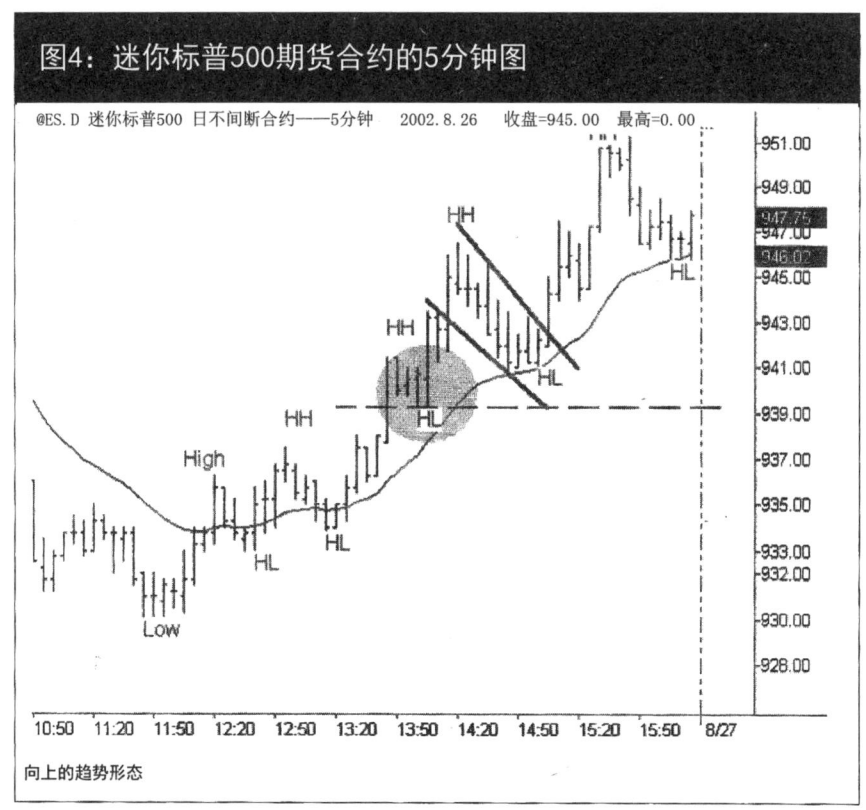

我们决定，她的账户资金量只能交易一份大额标普合约（或5份迷你股指合约），每笔交易的平均风险约2个标普点，而且标普合约里的点数风险越大，她能交易的合约越少。这种做法同样适用于股票，交易500股股票，平均风险就是1个点。凭直觉就能知道，价格的风险越大，交易人能建立的仓位就越少。根据交易分析周期，就决定了你的股票或合约规模或风险水平了吗？

这个方案的另一个要素就是知道何时进入和退出市场，以合理地最大化利润和避免过度的损失。虽然这些决定都要在玛丽建仓前做出，但退出价格都是事前确定的，无论是赔是赚。她感觉最适合交易的形态来自于日内分析周期内趋势不明状态的市场。一般在日内趋势退出时，交易人还会根据其他因素，希望市场在一个极值上开盘，在另一个极值上收盘。玛丽的记录表明她不希望入市太久，但也不想退出过快。锁定利润很重要，她的方案就是：价格从看涨旗形形态上涨时，风险幅度很低，她会把止损提高，就位于上一个最低价的下面。市场重新测试前期最高价后，她会收回持仓赢得的利润。你在入市前就知道自己的风险水平以及何时收取利润吗？

将所有因素综合起来，玛丽学会了如何进行适合自己个性的交易。有些交易人从来不看看涨旗形形态，从来不考虑5分钟图，不用随机指数或任何短于50个时段的平均值；还有些交易人愿意用5分钟图，喜欢用14个时段RSI。有多少交易人就有多少差别。

我带着你走了一遍，这一程给没有方案的人一步步确立了定制方案。玛丽再不必一天做50笔交易，也不用早上一睁眼就要入市。借助帮助，她能确定清晰、准确的交易方案，利用：

1. 最喜欢交易的金融产品；
2. 适合自己舒适级的分析周期；
3. 经过实践检验的可靠形态，有指标来验证价格透露的信息；
4. 清晰的风险认识，知道自己适合的风险额度；
5. 利润目标。

现在玛丽每天都可以在股市和股指期货市场进出三到五次。上述的形态也考虑了较长分析周期，以寻找支撑和阻力线。任务完成！

　　克里斯托弗·泰瑞是股市期货和证券市场的专职职业交易人。他时常在衍生品大会上发言，并为《活跃交易人》、《SFO》和《股票和商品》等撰稿。泰瑞游历广泛，宣讲获得成功的心理途径。最近几年，他注重对交易人在技术分析和方法上的交流和培训，这对他的交易不无裨益。除了交易，泰瑞先生及其合伙人新市场怪杰琳达·布拉福德·拉斯奇克还在www.lbrgroup.com上为股票和期货交易人提供免费学习信息。本文首刊于2002年10月的《SFO》。

第一部分　交易类型：哪种适合你？

第五章　交易教练很必要！

约翰·福曼

交易教练是一项人有所值的投资，但还要充分理解教练和导师的区别，才能找到合适的一个。

我认为教练这个职位，本质上是老师，就所说的主题是受过良好教育的。例如，作为排球教练，我向队员传授这项运动的方方面面，帮他们提高技术，训练方法有很多，包括具体的培训计划和录像带回放。除了提高技术，当然还要增强运动力和策略。

而导师更像是个咨询师，从更宽泛角度指导你的学习过程。这样的人往往取得过成功，能提供建议和意见，宣传想法和概念。优秀教练当然都是导师，而且他们常常都是干这一行的，但反过来，导师不一定就是教练。

在很多领域认定教练很容易，他们在入门前都经过培训，而且在其他教练手下工作过。我的教练生涯就开始于给我的高中教练帮忙，后来我给其他经验丰富的教练做助手，最后在其他人监督下执教自己的队伍。我为此看了大量书籍，加入了美国排球协会，并通过了美国排球教练鉴定项目。我去过专题研讨会和诊所，与全国的教练交流过，在学校工作过，训练过各种水平的球队。换句话说，通过学习和实践，我形成了自己的培训方法。

另一方面，导师更可能是在某一领域经验丰富，与被指导者有着相似的经历，能给他们讲述自己的奋斗故事、提供建议。球队的老队员会是年轻队员的导师，而我作为教练，不仅与队员一起合作提高他们的排球技能，还能与他们交流自己的打球经验，甚至还能给他们的学业、事业、有时还在其他生活问题上提供建议。

教练是如何炼成的

整个交易人训练问题我一直都在深入考虑。在交易界没有真正的训练提高步骤，没有教练认证程序，未来的交易教练没有机会在有经验的教练手下实习，因此很难认定教练，也无法明确知道他们能干什么，不少交易人教练更接近于我所说的导师。年轻的交易新人与在市场有大量经验的成功交易人发展关系，这很好，但只是好在某一方面。为什么呢？因为导师不会都成为杰出的教练。

这里就有一个典型案例。在体育界不会把顶级运动员看成成功的教练，最好的教练和经理人常常出自排名比较一般的运动员，理由信手拈来：可能是因为天赋不够，普通运动员更努力了解一项运动，想要找到方法以弥补其先天不足的缺陷；还有可能是一个常见的交流问题，我们都碰到过这样的老师或教授——自己绝对是行业的佼佼者，但在教学上惨不忍睹，他们根本无法发挥作用，无法条理分明地表达。

在交易上也会发生同样的事。因此不少交易新手拜倒在超级交易人脚下，想要拜师学艺，因为他们认为，近三年能在市场上赚到500%，就意味着能给别人传授方法。坦白地说，事情可不这么如意，要能教导他人如何实现交易目标，需要准确理解自己首先是如何实现目标的。很多交易人在这方面爱莫能助，因为他们自己也不清楚。他们可能会认为是因为自己有了某种系统，但往往还有其他原因，有些他们不知道，比如超级交易人的心里是怎么想的。即便超级交易人一五一十地告诉你他们是怎么做的，还有个能否教得会的问题。不是每个人都有传道授业的本事——需要了解如何与学生交流，能让他们掌握本质，还要有无比的耐心，这可不是人人具备的，特别是那些交易超级活跃的交易人！可别误以为老师就是教练，这可不是一回事。

现在遍地都是交易培训、研讨会和学习班，有些冠以教练之名或直接宣称教练，但其实跟教练一点关系都没有，只是填鸭。他们也不是什么也不教，介绍的一般都是某一个市场、某一交易风格、某一交易系统等，这可不是教练。

我认为教练至少是对人非常有针对性，对内容有综合性。教练要和个人一起努力帮助提高他或她的具体技能，然后用于交易。即使是在团队训练时，好教练也会对每个队员一对一辅导，观察他或她，针对其强弱项挨个指导。

好的交易教练同样如此，不仅要提供正确的信息，还要了解交易人，清楚他的强弱项，根据需要因材施教，还会在执行交易操作时施以援手，与实际中的体育教练一样，与实战教练区别很大。

第一步是找到好教练

那在哪能找到好教练？这是个终极问题，可惜，不容易回答。既然没有"交易教练协会"，你就得动动腿自己去找了。显然你要到交易人出没的地方看看，做些调查。

找到教练的第一步实际上是先决定你想找什么样的，你想要学什么、提高什么，这其中可能包括：

- 详细了解一个新市场；
- 提高风险管理能力；
- 深入了解如何在交易中利用波动；
- 知道如何评价交易系统；
- 学习一种交易类型（例如，小利交易或日交易）。

这里只是列举了一些，还有其他内容随后陆续增加。这时重要的是要确切知道自己想要从新教练的方案中得到什么。

再举一个排球中的例子。体育上有一些特殊角色，每一个队员必须知道整个打法，知道主教练采用的战术，在基本功上练习（应变、速度、控球技术，等等），这些内容一般是在集体训练时完成的。

但队员也常常下功夫提高其自身角色的特定技能。这时的核心就是集中，要么是针对一个人，要么是几个人。这种训练一般由一个教练进行，他更理解特殊角色，知道如何提高相关技能。有时，为了更集中精力、培养一个人，会有专攻此角色的外部教练训练队员。

在交易上你可以如法炮制，普通教练级可以提供更宽泛的范围。如外汇交易的训练；然后更加深入到更专门的领域，如如何利用市场利润表交易。你只要找到一个确切知道你需求的交易教练即可。

教练需要知识和沟通能力

找到好教练的第二步是找到具备丰富的交易和市场知识的人，特别是在你想学的那些方面。这毋庸置疑，但现在专家满天飞，怎么找到愿意与你合作的人？

你就得缩小范围，关注能够教好这一主题的人。前面提过，能学不一定就能教，有一个沟通的问题。找那些善于表达，能清楚表达思想和概念的人。这样的可能不好找，可以到演示课或研讨会上去观察，发现潜在教练；其他教练有写文章或写书的。这种情况下，你就很容易评价他们的沟通能力。

但如果你无法获取教练备选人的著作或听到他们的演讲，那你就得采取更直接的办法了。也就是说，如果理想的话，至少花点时间去认识他或她。时间当然要足够，能够知道可否理性沟通。

让未来的教练关注你也很重要。可以的话，给他提供你的任何真实信息和目标以前，先问他"你能怎么帮我"。这个问题有点耍心眼。如果他先是对自己的学识滔滔不绝，根本不提你是否有任何特殊需要，那就另寻他处吧。实际上，最好的回答是不回答。好教练会首先了解你的需要，这就意味着问问题。如果你未来的教练问你的经历和目标，那就把这看成是好兆头吧。

在和未来的教练讨论时，你务必也要谈谈训练如何进行。是面对面，还是通过电话、电子邮件，或是其他在线联系方式？教练会提供哪些支持资源？会不会要求你买任何书、产品或是服务？在做出任何决定前，你要知道全部的细节。

花费几何？

如果你能找到这么个人,并让他或她训练你,你就肯定有点特殊。但是别忘了,这种训练可不是天上的馅饼,毕竟一个好教练要用大量时间来训练你。而且,好教练只会与他们认为能帮得上的人合作,而且只有在他们能评估出这一点的情况下,他们可不是来者不拒。

我见过有每小时交易培训费从 100 美元到 300 美元的,还有人开价更高。好教练绝对值这个价,但显然你也不愿意为此倾家荡产。

教练一般会给长期合作打折,这是很好的,但你也不想在事情进展未达预期时落入无法脱身的境地。在确定教练前,要有充分的时间,看看将来进展会如何。在知道自己需求之前,别把自己限制在无法预知的未来中。

请一位交易教练毫无疑问是一项值得投入的项目。好教练能帮你达到你自己可能无法企及的目标,但要保证别只盯着取得辉煌成就的人(特别是那些仅在短期有所成就的人)。知识和时间是重要,但传授能力不亚于此。先问个够,确保未来的教练想要了解你,这样的话,你就更有可能建立积极和有回报的教练关系。祝你找到适合自己的教练。

约翰·福曼是在市场历练了近 20 年的老将,著有《交易精化——从基础到搭建获利策略》(威立出版社,2006 年)。通过 www.TheEssentialsOfTrading.com 可以联系到他。本文首刊于 2007 年 4 月《SFO》。

第二部分　管理智力、情绪和风险

这没什么好说的，智力对人能否成功有极其巨大的影响。几乎每个交易人都会在职业生涯的某个时候面对这样的问题：控制情绪和恐惧感、管理风险和坚持执行方案。了解一些处理这些问题的基本策略，不至于落入无法控制的状态，这是避免重大问题的主要策略。

我们在这一部分会介绍如何自我诊断一些最常见的交易心理问题，并会建议改变基本行为来一一解决这些问题。了解自己的习惯、思维和行为方式、个性特点及其对你交易实践的影响，是解决自己智力游戏的第一步。有时貌似是心理问题其实是容易解决的交易坏习惯或训练不足。

交易是一个高风险和苛刻的事业，需要无数的规矩。有时最难的部分仅仅是遵守自己的方案，到底是未能下单还是未能退出亏损交易。形成适合自己交易使用的方法、定时原则和规则是重要，但更关键是在开始重审自己的时候能跟着自己的方案走。我们的作者提供了不少实战策略，如自我分析、内心演练和压力预防，这些都会让你重现锋芒。

多亏了近期的调查，我们现在懂得了适应能力在包括交易在内的各行各业里的重要性。长期盈利需要毅力、创造力和强有力的处理问题策略。幸好每个人都可以练就自己的适应能力。我们介绍了消除压力和加强处理问题技巧的一些主要策略。

直觉、学习、耐心，我们研究了成功女性交易人和男性交易人的特点，以及我们能从彼此身上学到的经验和教训。

第六章 诊断交易人：通过自测提高业绩

布里特·斯蒂恩博格博士

步入芝加哥的专属交易界前，我在一家医学院的精神病学系教了19年的书，工作内容就是帮助医科生和住院医生提高能力。医学界信奉的职业道德是"首先是不能伤害"，意即医生在医治之前先要花点时间搞明白问题在哪，诊断先于治疗。

哎呀，交易人可不这么干，他们的至理名言往往像是"首先要交易"。交易人检查自己在获利能力上的问题时，他们几乎不明白交易界上的"血液检查"和"影像研究"。不从细微处检查交易，很难正确分析业绩上的问题以及想明白该如何解决。

我建议交易人对业绩问题做一个简单的诊断方案，或许会指导交易人如何进行自测。因为治愈交易疾病一般必须要根据诊断结果，所以解决方案必须根据问题而量身定做，这种分析功夫的回报会很丰厚。准备要自我诊断了？那就开始吧！

扔掉垃圾：交易和缺少原则

人们不了解问题本质时，一般会诉诸过于简单化的解释。去做婚姻问题咨询的夫妇会一致把问题归根于交流问题，交易人则会说没有原则。这些都是垃圾，笼统说法反映的是问题的结果，而不是原因。我们着手进行更可行的分析计划前，先要明白为什么交易心理上无处不在的词汇"原则"的作用有限，知道这一点会有所帮助。

人们寻求帮助来解决问题，是因为他们思考、情绪和行为模式打乱了自己的生活，带来了不受欢迎的结果。想一想这是什么意思：

1. 我们的行为有定势；
2. 有些行为定势非我们所愿；
3. 我们并不总能依靠自己改变定势。

每个心理问题从根本上说都是我们未能完全掌握的定势，其或许是类似郁闷这样的情绪定势、使用物品这样的行为定势或完美主义这样的认识定势。没错，我们可以说每个心理问题都是问题，因为其削弱了我们的自由意志。我们在受一种心理定势影响时，不能完全掌控自己的行为或处境，正因如此有些定势非我们所愿。

从这个意义上说，每个心理问题都会导致我们丧失纪律性。如果自由意志可以让我们有深思熟虑的行为，并追求我们自己选择的目标，那么消极定势则是相反，会扰乱我们的方案，阻碍我们实现目标。我结婚的时候，婚姻誓言就是我的计划。但如果我无法控制自己的火气、抱怨或小心眼儿，我就偏离了计划。这种无纪律的状态不是我遇到问题的起因，而是影响。所有心理问题都有使我们降低目的性、无法遵守自己的方案。

交易人对干扰他们计划的阻力再熟悉不过，我们确定了止损点或最大仓位，但之后又没有遵守，出现在盈亏表中的结果让我们心痛。我们或许过度交易，进行了并未满足下单标准的交易；或许交易不足，未能在可靠的确立点下单。无论怎样，我们遵守计划的能力都有问题，有些事情削弱了我们在市场上的自由意志。诊断的目的就是找到这些事情到底是什么。

诊断坐标线

图1是个四象限图，我开始和交易人接触时总是将其牢记脑中，这是我分析交易人难于遵守自己方案的途径。这个坐标包括两个交叉的维度，问题的首要根源和问题的长期性。

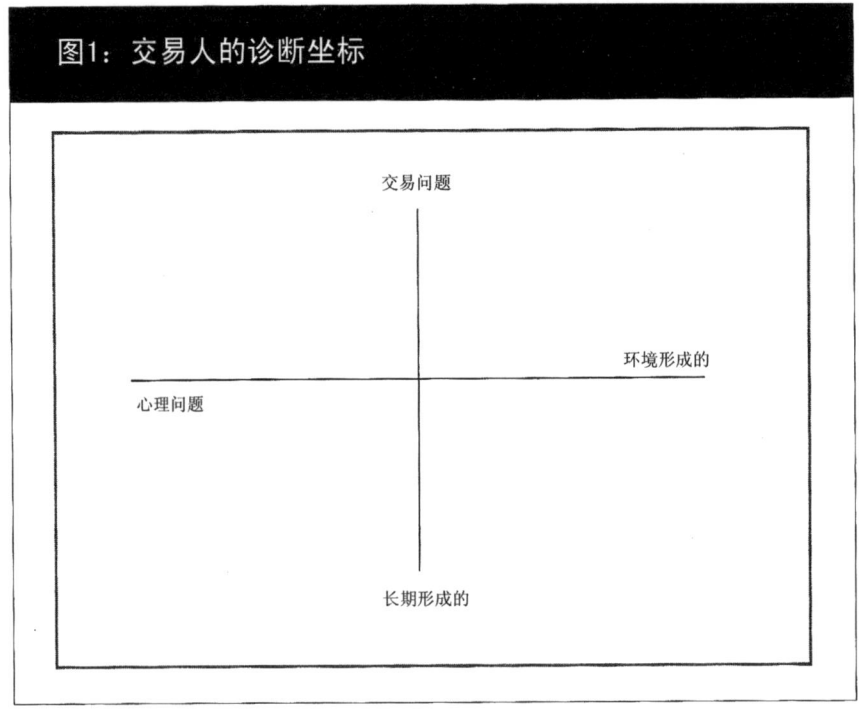

问题的根源反映出打乱交易计划的主要原因是否是交易问题：是交易人认识市场的能力欠缺；还是可以追溯到具体的心理障碍。换句话说，我们想要区分开的是亏损交易引起的情绪问题和情绪不稳造成的交易问题，在我们看来，要区分两者颇有难度，因为交易问题和情绪问题彼此循环影响。尽管如此，确定哪个是首要的，绝对对提高交易业绩至关重要。

时间的长期性反映出问题是长期性和一贯性的还是近期和因势而成的。有时问题只在非常有限的情况下才出现，这常常是因为问题在特殊情况下才出现，常见的例子就是换工作面临的压力，而失去挚爱造成的悲伤却是另一回事。有时问题是长期性的，已经出现了一段时间，而且不会因为条件的不同有显著改变。

这两个维度的交叉产生了四个象限，就是我诊断的类别：

1. 长期交易问题：一般由交易生涯中养成的不良交易习惯导致；
2. 环境交易问题：往往是交易者换市场或市场变化降低交易者优势的

结果；

    3. 长期心理问题：反应交易者现存的心理问题；

    4. 一时心理问题：交易者近期的私事影响交易。

    就是这样，我希望分类简单直接。首次会见交易者时，我会在脑子里形成一个小审核单：

- 这个人会交易吗？他获得过真正的成功吗？
- 交易者的市场有什么变化吗？在交易出问题期间，波动和趋势转换剧烈吗？
- 这个人在交易之外曾有什么心理困难吗？
- 在交易出问题期间，此人的私人生活近期有什么变化吗？

    如果我无法准确回答这些问题，我很可能就不会对这个交易人有什么帮助。我必须要了解这个人，无论是作为一个交易人还是一个普通人。同样，你在自我诊断时，需要分清楚什么是一直存在的，什么是环境性的；什么是交易引起的，什么是个性引起的。

交易问题：长期性的还是一时的

    我们还是面对现实，有些人就不会交易，这不是他们的错，大多数交易人从来没有接受过交易培训。外科医生和音乐家都是到学校去学技艺；运动员在整个幼年和青年时期都是集体培训。但对交易人来说，几乎没有此类的培训项目。一次研讨会、一本书或是一次视频课无法教会我们学会打高尔夫或下棋，那又怎么可能教给我们如何交易？

    长期交易问题一般是交易缺陷造成的，由此人们会形成不良的交易习惯，形象的例子就是不良的风险管理。交易人从小额交易开始，每次交易时就会把其中的一大部分拿出来冒险，结果就是盈亏比由于投资组合规模的作用而疯狂波动。这些盈亏比波动引发情绪波动，情绪波动返回头进一步影响交易，但问题的重要根源是糟糕的交易。

    比如，假设交易人有 25 000 美元的投资组合，每笔交易都有 60% 的胜算，一天交易一次 10 手的标普迷你股指合约，每笔交易的止损设限为 5 个点。几乎确定无疑,此类交易人一年中会连续五次遭到亏损。如果每次亏损都会让投资组合减少10%（10手中的5个点）,交易人几乎可以肯定会失去绝大部分投资资金。这就可能会造成受挫感、气愤、沮丧,甚至会让他错误地改变交易系统。这样的交易人可能会认为自己有情绪问题,但问题的根本是未能懂得风险和交易基本知识。培训没做好会产生长期的交易问题。

原则就是,如果从未持续盈利,在交易上有过挫折,那就很可能是需要培训,而不是心理治疗。你的交易方法可能缺少可靠的取胜先机,交易频率或规模不合适可能会蚕食利润、遭到过大的风险,这些问题不是通过情绪自助工具能解决的。

还有时候,交易问题是一时的环境造成的。交易的行为可能没错,也会有交易获利。但近期的盈亏比降低,利润不增长了,交易不顺利了,这往往是市场中出现变化的结果。市场不时会改换趋势和波动。曾经在一个市场上有效且占尽先机的手段在另一个市场丝毫不起作用。我最近进行的一系列研究显示,标普500指数在趋势和波动上都会处于历史低位,其结果就是曾经跟随动能赚钱的交易人,再也无法指望这一策略了。市场运动减缓,而且有意反转而行。这一次也一样,应对之策不是收缩,而是找到一个会跟随动能的新市场,或者开发出一个新的逆趋势方法,继续在当前的市场交易。

我发现解决长期交易问题的最好办法是观察交易人交易。如果我们一起看着屏幕,我指指点点,例如"大鳄们倾向看空了。"交易人可能会回应"你怎么知道？"这时,我就非常清楚交易人在察觉市场供需关系方面有困难,表明对他有用的是培训,而不是咨询。我们最终会讨论如何跟踪不同价格水平的交易量、买入价和要价时的交易量比重,等等。

如果我发现交易人看得懂供求关系,但却持股时间过长或持仓量过大,我认为问题是一时的,这种情况往往发生在趋势未定的市场进行盘整、运行减缓且幅度更受限的情况下,交易人未适应市场条件的变换,而且在运行减缓的市场过度交易。此类交易人或许仅需要工具帮助他们在市场变换时有所觉察,例如监测市场当前的交易量占当时正常交易的份额。

作为心理学家,我的培训让我能够留意问题的心理根源。但在专业公司每天与交易人打交道,我已经认识到,交易的许多情绪混乱是由交易问题引起的,缺少培训、难以适应变化的市场条件,都会损害盈利率,而且会扰乱正常情绪。

情绪问题:长期性的还是一时的

还有些时候,情绪问题的确是交易业绩不佳的原因。长期的心理问题早于交易出现,以多种方式表现在生活上,而与交易没有任何关系,例如沮丧或焦躁倾向,心理学家称这种性格特征为神经过敏症。这些特征幼年就会表现出来,而且往往会持续,其表现方式可以修整,但不会有太大改变。如果一个人在幼年就活泼、非常不专心,那就很可能会把一些特征带到成年,这会影响交易,随之带来挫折。

并非所有的长期心理问题都是因为被诊断出了疾病。有时交易人的个性特点与交易风格并不相配,也会产生长期问题。因为有些个性特征与承受风险的能力有关,不愿意冒险而又交易冒进的人会时常经历巨大的压力,他们无法应付投资组合产生的波动,这种不匹配造成的不安对交易影响的时间过长。

这种长期情绪问题出现时,心理学家的帮助就是及时雨了。抑郁症、双相障碍和注意力缺乏症这些主要问题通过正确用药就有可能治愈。谈心疗法也有助于解决很多类似问题。例如,认知疗法已经证实可以治愈忧郁,行为治疗对减轻压力和焦躁也有类似的治愈案例。

如果长期忧虑是由个性和交易风格不配造成的,调整交易比改变个性更有用。根据我的经验,交易频率和交易规模是要调整的最重要的两个变量,两者都与风险和回报率有关系,而且也影响着交易的认知过程。例如,通过分析进行决策的交易人可能比依靠直觉加工信息的交易人需要更长的时间去决策,一个人的交易频率和持仓时间会反映其认知风格。

另一方面,一时的个人问题会影响交易、降低收益率。例如因为关系问题或交易重挫而引起的情绪问题会导致交易人无法集中精力。一个最常见的干扰情况就是交易人的经济状况,个人生活出现意外开支时,交易人往往会改变交易，想去赚更多钱，结果就是在市场上丢掉先机，实际业绩恶化。很多时候，开支增大是因为出现了好事情，例如结婚、买了新房、生了孩子。任何事，即使是好事，如果导致了对盈亏的过分重视，就有可能分散注意力，影响业绩。

如果交易问题是一时的，短期咨询就非常有帮助。因为重挫或开支增加造成的对业绩担忧，可以通过压力管理如系统性脱敏和暴露疗法得以解决，改变自言自语方式的认知方法同样有用。生活影响到交易时，调整指标或下单执行方法不太可能有用。

对你的意义

我们这里讨论的是鸡和蛋的问题：交易问题会引起情绪紊乱，情绪紊乱对交易结果可以说是一场浩劫。解决交易问题的关键在于这些问题的性质，一些交易难题通过上课和培训就可以攻克，其他需要自救，还有一些需要专业人士的帮助，没有万能药。

如果交易表现不佳，在寻求解药之前先要找到问题。如果要找导师，要确定导师学识渊博，知道要问导师哪些问题，恰当的治疗首先要有准确的诊断。交易人只要知道问题在哪，改正错误的速度快得让人称奇！

布里特·斯蒂恩博格博士是纽约州立大学上州医科大学锡拉丘兹校区的精神病学和行为学临床副教授。他担任芝加哥金斯特里交易公司的交易人开发项目负责人，指导专业交易人并调整交易人培训项目。斯蒂恩博格是活跃的股指交易人，将根据统计得来的形态认识用于日内交易。他还写了《交易人绩效强化策略》（威立出版社，2006 年）和《交易心理学：认识市场的工具和技巧》（威立出版社，2002 年）。斯蒂恩博格的交易档案和博客请见 www.brettsteenbarger.com，市场分析博客请见 www.traderfeed.blogspot.com。本文首刊于 2006 年 7 月的《SFO》杂志。

第二部分 管理智力、情绪和风险

第七章 交易魔鬼消减你的潜力：四位专家讨论交易智力游戏

盖尔·奥斯顿

一位朋友刚从拉斯维加斯度周末回来，听他讲述在赌桌上的英勇传奇时，我大笑不止，大赌注、高期望、情节跌宕。我感兴趣的是听他描述在手气不佳时冒险一试的智力推理和惨败历险。他个人的小九九一一呈现了出来。虽然我不会把投资当成赌博，后者真实的资本信息只留在拉斯维加斯或亚特兰大市的赌桌上，但投资人和交易人脑子里的算计非常相似。

在交易中需要无数的戒律，精力不足或四体不勤的人是干不了这一行的，这可不是一条万无一失、一夜暴富的路。交易成功很大程度上凭借动脑子、准备、练习和心理自助。为此，我请四位专家讨论一下交易心理、点评点评精通此道和不善此道的人并探讨很多其他的问题及其答案，你会发现这些答案很有启发，而且对你的交易之路有所帮助。

嘉宾：

阿里·基辅，医学博士，精神病医师和律师，专著超过15本，包括畅销书《风险心理：把握市场的不稳定性》（威立出版社，2002年）和《区域交易：用重点和纪律最大化业绩》（威立出版社，2001年）。他最近写了《对冲基金大师：顶级对冲基金交易人如何设定目标、解决难题并获得最好成绩》（威立出版社，2005年）。基辅在最高层的投资圈各处开讲座，培训金融机构和大型对冲基金的交易人。

露丝·巴伦·罗斯福，交易人培训师、律师和作家。她帮助全球各地的交易人实现最佳效率。她还是期货交易员，曾任 Prudential Securities 公司和 Thomson McKinnon 公司副总裁，在 Rudolf Wolf 的国际资金交易部门担任过负责人，在德崇证券担任过股票和期货经纪人。她著有《杰出交易：智力游戏》（交易人出版社，1999年）和《成功交易人的12个习惯》（交易人出版社，2001年）。

布里特·斯蒂恩博格博士是纽约州立大学上州医科大学锡拉丘兹校区的精神病学和行为学临床副教授。他担任芝加哥金斯特里交易公司的交易人、开发项目负责人，指导专业交易人并调整交易人培训项目。斯蒂恩博格是活跃的股指交易人，将根据统计得来的形态认识用于日内交易。他还写了《交易人绩效强化策略》（威立出版社，2006年）和《交易心理学：认识市场的工具和技巧》（威立出版社，2002年）。斯蒂恩博格不向交易人提供商业服务，但在 www.brettsteenbarger.com 保留了交易档案和博客，他的市场分析博客请见 www.traderfeed.blogspot.com。

亚迪恩·拉瑞斯·托福瑞，MNLP，MCH，交易人培训师，全球公认的人类对金融界贡献领域的专家，她是标靶交易（www.TradingOnTarget.com）的创始人和总裁。其在交易心理方面的八本专著——包括《获胜先机4》（交易人出版社，2002年），受到金融杂志的高度评价。她的公开讨论课和私人咨询，以及她在业界大型会议上的电视节目和主题演讲获得了广泛的认可和欢迎。

盖尔（盖尔·奥斯顿，曾任《SFO》编辑）：首先感谢各位参加本次圆桌讨论。各位从心理学的角度都会有点东西要告诉交易人。我很想知道各位的回答如何从不同角度给予我们启发。首先，各位认为交易与其他职业有何区别？

亚迪恩（亚迪恩·拉瑞斯·托福瑞）：大多数交易人初涉交易时，并不认为这是一种职业。在其他职业上，人们要经过长期努力的几年教育，使做决定成为神经系统的自动反应。少了这种培训，新手交易不仅仅是智力抉择，而且还是情绪抉择。在遇到损失时，交易人会将损失归因于心理原因。既然人类的天性就是趋利避害，交易人无法自动做出反应时，就会归责到心理方面。带着情绪交易会种下消极的种子，妨碍交易人执行赚钱的好策略。

盖尔：我知道很多交易人的确是没有一点经验或学习就投身进来，特别是在自己投资获利很好的牛市之后，这会让他们觉得自己已经是专家了。各位认为呢？

阿里（阿里·基辅）：交易区别于其他活动的一点在于你一直处于被不断地衡量中。长期投资者买入股票，持有一两年，安然度过多次波动；利用短期运行的交易人深受日内波动的影响，因此每天都会被衡量。交易人的成果不断被评判、记录和衡量。其他职业没几个会这样被密切衡量成果的。一般的商业业务会是"我们每季度出一次数据，然后根据事情进展决定计划和方案。"因此一般的商业业务会有项目结束或季度末的业绩来做保障。

露丝（露丝·巴伦·罗斯福）：与一般业务的不同点还在于政治手段不会有什么帮助。你不能迷倒市场，然后一帆顺风。你可能会说服别人，但单靠个人魅力不会给你带来盈利交易。再者，每天的情况都不一样，交易的未来无从知道，与每天去办公室都例行公事可不一样。一天的交易会蹦出来很多意外，不是在格子间待一天能比的。但不是说没有一点类似，我觉得交易和其他职业相比至少有两个相似点：一是有风险就有回报，但风险需要管理；二是乐观也有回报。

布里特（布里特·斯蒂恩博格）：没错。相似点绝对有。实际上，我就一直在关注相同点而不是差异，想找出与交易在几个方面相同的领域。同样活动频繁、风险和回报高以及业绩要求高，所以，对相似点的研究让我注意到了职业体育和特种兵这样的精英军队。我尽力想搞清楚其与交易在哪些方面相同，以及他们在这些领域如何训练，希望能获得一些启示，知道人如何能被训练成为优秀的交易人。

盖尔：有意思。说到类似，其他人会觉得哪些职业与交易类似呢？

亚迪恩：医生、诉讼律师，还有运动员、音乐演奏家以及其他需要表演而以此谋生的人。

盖尔：是因为需要自发行为？

亚迪恩：是的。你要一直不断保持警觉，要一边意识清醒，一边凭借直觉去表演。因此，你要依赖学过的东西，而且要能应付随后的情况，即使不知道接下来会发生什么。

盖尔：是呀，当然不知道下一步交易会怎样。你觉得呢，阿里？

阿里：亚迪恩说的没错，体育、外科……可以说是任何在有限时间内完成非常复杂工作的事业。如果你是外科医生，或许会控制一些变量，但如果是为上年纪的病人看病，他的一些系统功能已经衰退，你只能在有限时间内完成手术，你无法预测出来病人的全部反应。

盖尔：这可是生死攸关的事情，可能比交易的压力更大。

露丝：实际上，说到生死攸关，场内交易人的保险政策，也就是他们的健康保险，等等，支付的保险费与特技跳伞者和深海潜水员以及其他高危职业一样高。说到压力，很可能也一样大。其他职业如果失业的话，不可能在一段时间内所有的钱都不翼而飞，这么说来交易的压力更大。

盖尔：那交易这样的职业有什么好处吗？

露丝：哦，充满刺激，每天都不一样，无穷的回报，而且非常有意思，每天的事情都是全新的，因为你每天能赚多少没个极限，回报非常非常丰厚。每天都像是圣诞节，那些包裹已经放在树下了，不知道里面是什么，但我知道这些一定会让你欣喜异常。

盖尔：这个比较独特。我从来没想过交易会像是过圣诞。说完好处，我们接着往下说。我们都认同交易是高压力、高指标行业，但其他行业也有压力，那交易人需要特别的心理建议吗？他们能找一般的医疗师吗？

亚迪恩：一般情况下，他们都可以找普通的医疗师，但大多数医疗师提供的培训都是在一段长期时间解决问题，交易人可没那个时间，他们需要及时的改善。如果问题在一长段时间才得以解决，等到他们规规矩矩完成必需的改善后，可能就没那个钱去干这一行了。而且，大多数交易人都

第二部分　管理智力、情绪和风险

会被医疗师诊断为赌徒，以此加以治疗。真相是要想在某件事上特别优秀，你必须有强迫观念和行为。交易里的赌徒与专业交易人的区别是交易人对遵循原则有强迫观念和行为。

露丝：一点没错。普通的医疗师或许明白交易是怎么回事，或许不明白，可能提供最坏的建议。但此外，我还是要说很大程度上取决于这个医疗师的本事。比如说，我告诉同事，一位客户在纽交所一天赚5 000美元，而他想赚10 000美元。同事回答说："哼，这简直可耻。"我看着她说，"哦，这就是为什么我能和他合作，而你不能。"我的客户想要赚10 000美元，我觉得我赚钱别人亏欠并没什么不对。我们的责任是获得成功，这样就涉及不同的个人价值观。

盖尔：布莱特，你是位心理学家，交易人需要特殊的心理建议吗？

布里特：有些人需要，关键是要区别开之前就有情绪问题，而且还渗透到交易当中，以及那些交易的确很糟糕，从而导致了情绪问题。

盖尔：这显然是两种情况。

布里特：的确是两种情况，而且你必须要区分开。当然一些人有情绪问题，可能是因为关系没处理好，结果影响了市场信息处理和决策。当然，普通的称职医疗师在这种情况下就有帮助，因为主要的问题是情绪或关系问题。但如果有人投资不足或风险管理不当，那即使向地球上最好的医疗师求助，也改变不了交易结果。他们倒是真需要听从既能做好交易又能提供解决办法的人的特殊建议。

阿里：我想一个优秀的交易人培训师不必非得自己就是个优秀的交易人。我认为作为培训师真正需要的是了解市场、市场的影响和人在某些条件下的暗示性。举个例子，我今天早上与一位客户交流过，他管理了大约10亿美元，他说："情况最近很棘手，对冲基金这么多，交易数量也来越多了。"所有这些对冲基金都在买空股票，并在他交易的时候平仓。他一个人对着那些对冲基金反向操作，被吊在那里，无法退出。同时他觉得很憋屈，想要我指点一下。就我对他的了解，以及他对自己方法的笃定，我可以指导他用反向信号仍然买空——即持之以恒，而且要长期，就能得到回报。我要他到这多来几次，增加他自己对这一建议的信心。

盖尔：我猜培训师或医疗师本身是不是交易人实际上要看交易人的意愿。不少文章和专著都关注过交易需要的培训，但其他职业对训练和培训的要求没有交易那么多吧？有什么区别吗？

露丝：在生活的各方面都需要纪律。纪律就是为了达到目标而必须要做的事，无论你想不想、喜欢不喜欢，都需要执行。需要早上起床的纪律，需要晚上睡觉的纪律，需要每天上班的纪律，生活中有了纪律才能成功。

盖尔：那交易人需要的纪律是不是更多？

露丝：嗯，如果纪律不够多，你跌倒得就更快。一般工作上，无纪律的后果显现的时间会长一些，如果是交易的话，一天就足够了。

阿里：我想补充一下，成功交易、赚钱、在有预案领域内交易、掌控市场，这些都需要反直觉的行为能力。这就是说，在亏损的时候，直觉是要持有，不想承认，希望能有转机，你还相信自己原来的分析，所以不肯放弃。有时候你做了分析，还是决定要死守亏损仓位，的确有机会利润会翻倍，但大多数人的自然反应是持有亏损。

盖尔：那也就是说，的确需要很多的纪律。

阿里：必须要练习、练习、再练习，直到你对不顺利能心平气静，如放手亏损交易。

盖尔：看来抱着亏损不放是交易人很普遍的弱点。那交易人如何评价自己的工作呢？他们怎么找到自己的优缺点，例如无法割肉？

布里特：哦，有件事情非常有用，年末我会统计我的每一笔交易。

盖尔：每一笔交易？

布里特：每一笔。我一年会做几百笔，我会一笔一笔写下来，包括时间、股票、合约或无论什么数量、买多还是买空、盈亏状况、利润最大和最少的交易。我会明白我哪里做对了、哪里做错了，会计算出来一两个大目标。比如说，去年，少数几笔交易赚了绝大部分的利润。去年的利润有幸不错，因此我特别查看了那几笔交易是怎么做的，当时短期和中期趋势同向时，我能抓住运行的好时机，然后我意识到我可以少做几次，只要抓住好趋势的机会，我就依然能够赚得一样多。因此，我今年的一个目标就是更有选择地交易，交易原则更多，好好研究趋势信息。

阿里：这么说有点意思。我有时会让大家记日记，记下来买入点、退出点、退出时的感受、股票的盈亏、本金量、因为太急切而放弃的盈利，然后他们会知道那些感受。我知道有些人对此很在行，甚至有时都知道他们对某些交易的不舒服感觉会持续多久。一旦他们知道会持续多久，就能更好处理，不舒服的感觉出现的频率逐渐降低，很快，交易人就能将交易带来的感受轻松区分开了。

盖尔：这恰恰是交易人应该做到的。我想，准备一个可靠的交易计划能让交易人独立出交易的感情或避免感情用事，您觉得呢？

亚迪恩：哦，虽然我不能代表所有人，但的确是这样，交易人的确需要商业计划，就像是一个普通的业务计划，如果说你是个店主的话，也会需要一个。要知道所有的信息，特别是财务信息以及业务所需的所有信息；除此之外，交易人还需要一个方法，称之为一套规则，即使这些规则是直觉性的；再就是，需要应急方案。错了怎么办，对了怎么办，估计到最好的预测结果，这样他们就能做好万全准备。如果没有应急方案，在市场变化的瞬间，你就和大多数交易人一样惊慌失措、造成重大损失并埋下祸根。这也是为什么交易人需要定期回顾的原因之一。定期回顾并不是你每次有惨痛损失时才做，应该是每三到四个月做一次，回头看看自己的交易状况。

布里特：我想说重要的不是计划，而是有计划性的，我用的词更适合我作为交易人和心理学家是有规则约束，有规矩可循。有了原则，期货上每一次小小的波动不至于让你大吃一惊，也不会让你疑云丛生。规则会告诉你何时进入，何时退出，投入多少资金，所有这些规则能让交易更加自动化。

露丝：但有些时候他们即使有了计划，还是会违背，在兴奋的时候产生怀疑。交易人需要对自己的策略保持信心，这种信心很可能会发挥作用；他们也要相信概率，因为别无可依，而且这就足以。

另一个问题是不少人的指标太多，传递的信息让他们无所适从，而且屏幕上显示的内容过多，甚至都看不见价格了，所以他们无法决策。有时最简单的策略就是最明智的。

盖尔：那交易人的计划中都必须具备的是什么？有人找上你，你会怎么说？

露丝：要有入场策略，以及盈利退出和亏损退出的策略，还需要指示趋势的指标，趋势是要上涨、下跌还是平移。

盖尔：除了要有计划外，有位教练从旁指导可能也有助于交易人消除一些成见。说到这儿，交易人或投资者怎么知道他或她需要找一位个人教练或可能是真需要医疗师？

露丝：首先，你本人不能是自己的医疗师，因为自己太主观了。你身在其中，有时需要第三人来看看你的所作所为，帮你坚守自己的承诺，就好像是没有教练就无法参加奥运会一样，连想都不要想，而且可能需要一个体力教练和一个心理教练。我们参与的是有史以来最盛大的比赛，怎么就不该请一位教练？

布里特：我倒认为任何好的培训和咨询的目的都是要帮助人们成为自己的医疗师，这是我与每个人合作的目的，我也是这么告诉客户的。我对他们说，我想让你将我变得无业可营，因此教给他们的技能就是他们自己能用的。一般都需要采取一定的形式，首先会介绍技能，然后替他们模式化，再教给他们用法，接着让他们从头到尾试一遍给你看，以确定他们知道怎么做，下面就是布置功课，让他们自己练。这样他们就学会了、明白了，提出问题，再自己发展技能，你就该下岗了。

露丝：我同意。作为教练或医疗师，你不是要让交易人依赖你，而是要让他更强，脱离你独立操作，但交易人没必要一开始就自己给自己诊断。

阿里：而且交易人绝对会从培训中收益。我会比做是……演员为什么会需要导演？我们都知道演员都会演戏，但导演会帮助演员超越自己对角色的理解、自己的能力，等等。教练对交易人的作用也是一样。

第二部分　管理智力、情绪和风险

博文：培养盈利心理模式的工具

布里特博士

作为心理学家和活跃交易人，我是自己的交易培训师和客户。我的工作绝少涉及解决以前的矛盾、学习练就技能或其他此类的治疗内容。我的工作反倒是一直针对执行一些认知上的、情感上的和行为上的形态，通过各式各样的纪律原则凸显出典范。大量的调查文献都探讨过在艺术、科学、体育和政坛里有创造力的成功人士所具备的心理特征。Davis 加州大学的心理学家迪安和佛罗里达州立大学的心理学家安德森·埃里克森是这方面的多产作家。两人都强调，任何领域的辉煌成就都来自于不断的密集的精细的练习，由此将技能融入血脉，成为自动反应。

《投资者商业日报》2003 年 5 月 16 日刊登了一篇很有深度的文章，讲述传奇棒球投手桑迪·考费克斯。考费克斯称："虽然要尽力将可变因素排除到投球之外，但更简单的做法就是重复。对于一再重复的高尔夫挥杆、棒球投球或垒球投球动作来说，这就是关键所在……投手每次都想做的一模一样。"考费克斯自传的作者简·里维表示："体育上最难的事就是没有一次性的动作，全都是动作的反复。"

我通过自己做交易，开发了一套原则来指导出手、退出和仓位规模，已经能够完成更高水平的反复。大多数的原则都是根据我对标普和ND 期货的趋势特性做的研究。一般情况下，市场趋势渐趋于明朗时，我会入市；在趋势式微时退出；在中短期趋势与大趋势趋于一致时加仓。

为了让自己坚守这些原则，我每天都会写博客，可以称之为网上日记，使我能跟踪每个与交易相关的检测指标，检测其状态，形成自己对来日交易的认识。博客促使我关注最基本的内容，排除掉变量，我发现这种办法避免了交易时脑子里的杂念，决断时排除了很多自我决断和潜在冲动，也不再想着抄底逃高，而是集中精力操作运动的好时点，同时也容易发现自己犯的错误。

盖尔：一般情况下，交易或投资到了哪一步交易人或投资人会找你们？有哪些典型的情况？

露丝：是有一些情况。其一就是他们费了几年功夫设计一个系统，而现在却无法依靠该系统确立入场点了。还有一个情况是交易亏损了或者无法扭亏，形成了一种寻求帮助的强制意识，这时就会找我。

盖尔：这是你遇到的最典型的问题？

露丝：是的。有时他们在银行工作，会让银行送他们来。

盖尔：好的。那就是说你为个人交易者和机构里的个人交易者服务，不错。阿里，你也是与机构投资人合作的？

阿里：对。我和几个对冲基金以及其中的个人合作。

盖尔：在对冲基金环境中，你无论如何都要帮助他们，那有哪些最典型的问题需要你帮他们解决呢？

阿里：我想最大的问题就是帮他们控制仓位，我一般是让他们设定一些目标来达到目的。目标之一就是要有一种方法能够持续记录交易表现。一些人可能盈利时间更长，但赚的钱不如亏损时候亏得多，这就是说他们持有亏损交易而未能退出。

盖尔：这种情况很典型，对吗？

阿里：是的，所以我会用这么一些系数：今年的盈利量，基于目前的信息，现在所控制的仓位，以及拥有的资金量，或许今年可以入账XXX美元。好了，假设你有YYY美元资金，那下面就该计算了，"一年赚XXX美元就是说一天赚ZZZ美元。为了一天赚ZZZ美元，我需要多少仓位？每一笔得多大？需要持有多长时间？我得怎么做才能有信心买那么多？"因此，管理损失，形成纪律，确立一种方法，找到金融工具，这样你才能真正付诸行动，这可不是自动化的。

盖尔：但为了牢牢掌握技能，能使其自动化应用，不需要某种特定的个性吗？有没有某些个性利于成为更优秀的交易人？或者某些个性完全不适于做交易？

亚迪恩：正面适合，反面就不适合了。创业家意味着积极主动、自我激励、甘愿冒险，会成为最好的交易人，他们不仅要会分析，还要能创

第二部分　管理智力、情绪和风险

造。大多数人认为有了分析能力就会成为杰出交易人，但我发现要成为真正杰出的交易人还需要有创造力，左右脑协调工作。在精神上能自信、乐观和自律的人，我认为会是优秀的交易人。

盖尔：那聪明的人呢？

亚迪恩：聪明分很多种，情商高的聪明、在社会上混得开的聪明，还有智慧、有智商高的聪明。我发现智商高的聪明倒常常是成为优秀交易人的绊脚石，而在社会上如鱼得水、睿智和有悟性的人更有可能成为优秀交易人。

布里特：我早前和琳达一起做过问卷调查，想要看看特征和应对模式。成功交易人有一个特性非常明显，即责任心，意思就是他们能够依赖，非常可信赖。他们的应对之策更针对问题。如果交易出了问题，他们会说："好吧，我该怎么处理这笔交易？"有问题的交易人明显的特性就是神经过敏症，就是趋向消极情绪，像不安和压抑。不成功的交易人在交易出现问题时，就会情绪化，会说："我自己怎么了？"以及"一切都完了。"

盖尔：那就是说有些个性就完全不应该交易？

布里特：我认为是这样。当然，没人愿意听到这个。

露丝：我不这么认为。如果他们想交易，我们就该为他们找到办法。他们找我是为了解决问题，所以我就要依循他们的个性找到一个办法。但基本上，优秀交易人都很乐观，能够在最乐观的情绪下遵守纪律；优秀交易人愿意冒险，适应不确定的状况；他们具有冒险精神，能够快速思考决策，付诸行动；犯了错也愿意承认，不害怕犯错。

盖尔：你拒绝过别人吗？

露丝：没有，因为他们找到我说"帮帮我"。我是遇到过非常难应付的客户，但我还是能让他们去交易。

盖尔：那对于那些想要交易而又需要帮助的交易人来说，他们如何找到一位好教练或医疗师？怎么认定交易人的教练或医疗师？

亚迪恩：首先，有人推荐那就再好不过了。信誉、工作和业绩的证明、演讲、文章、专著，要求提供证明或证明人。好教练会对你的生活有投入，对你做出长期承诺，不是说非要从开始就陪着你，但在每跃上一个新层次就会指导你。好教练会尽量尽早让你独立，这非常重要，而典型的心理学教的是让客户不断来访。客户信任并听从教练提供的建议，这样培训的效果才最好，因此培训不是单向的，要得到好效果，教练和交易人之间必须要有紧密关系。

布里特：好教练既是专家、又是老师。我认为，如果在技术领域没有经验和专长，能教授的就有限。我想，如果从没打过篮球，就不会成为好篮球教练。说到这，如果只是知识渊博或自己做过，并非就意味着传授也在行。

阿里：我认为，好教练十分清楚交易过程、挑战和交易人在不确定情况下面对的两难状况。维持冒险和保值的平衡，这会在内心产生一定的紧张和迷惑，而你必须要克服。你需要有一个人，他愿意与参与难度不断增大的比赛选手合作。不是每个人都情愿这样做，因为你所要面对的人——如果成功的话，就能够做成难以企及的事。因此，这些家伙，如果愿意参与，就会是体育明星了。你要能够与他们共事，帮助他们，不能用自己的价值观判断他们的生活方式或他们巨额收入，而且，还不能艳羡或嫉妒，这可没那么容易做到。

盖尔：我想在这里换个话题了。投资人的数量很可能比交易人多，所以我这个问题是针对投资人的。你对待交易人和投资人会有什么不同？是有差异的吧？

布里特：我觉得是完全不同。我的书在心理内容上根本不涉及投资人，因为他们是做长期决定的，这是一个非常自觉、精心的分析过程。而在交易时，在非常活跃的市场，你往往经常做的都是短期决策，要依赖你长期练就的技能，而且都是相当自动地执行动作。持仓的时间越短，你技能的自动化程度就得越高，根本没时间让你前思后想。

露丝：没错，但也不是天差地别，只是在时间长短上不一样，这就是人们在股市上被打劫的原因。如果他们更具备交易心态，就会退出或买空，但他们不具备，因此我的确想将投资看作是死守不放。任何一项好的投资，都要注意看看好投资的状态是否依然，需要再次评估。投资是一项慢的交易，我觉得如果这么看的话，再加上不断的重审，结果就会好很多。

亚迪恩：交易人和投资人的心理过程是相同的，但那些决策很快的人更有可能遇到更多的心理问题。对于两者，我都会从评估入手。

第二部分　管理智力、情绪和风险

拓展到新的舒适领域

亚迪恩·拉瑞斯·托福瑞

罗伯特多年来一直做交易，他每天早上醒来就知道要还抵押款，孩子要上私立学校，妻子可以在朋友面前优雅地炫耀他的交易成绩。他第一次参加交易大会时来到我的展位前，看着我的标语——纪律性有问题的到这来。说这在交易里非常重要，他问我能否让他的交易更上一层楼。我建议他做一次评估，看看是不是有什么妨碍他实现下一个目标，根据罗伯特的评估，虽然他正处在一个非常好的心理状态，但他还想提高交易和生活层次。他决定私下咨询我。

罗伯特的生活相当好，没遭受过大多数交易人经历的磨难和挫折。但我发现，安守惬意是他为何无法企及辉煌的原因。务实而溺爱的父母无意冒险，抱守安逸不愿费力，将这种理念传给了儿子。我问他为什么要走出自己的安全区，他说，高尔夫球手的儿子所取得的成就激励他要更进取。教练鼓励儿子取得成功，这又鼓励罗伯特竭尽全力成就自己，罗伯特开玩笑说："我不能被儿子比下去。"

为了激励罗伯特获得最好的成绩，我们必须改变他对金钱和风险的价值观，也就说，必须要提高他对舒适的认识体系。达成这种转变的手段就是对他现在内心的人生愿望以及愿望所达到的舒适程度进行革新，换成他希望的人生愿景以及更舒适的生活。此外，我们还改进了他对整个人生的认识，强化并扩大了那些让他更快乐的事情，树立了一种更有雄心的生活方式。

我可以现在欣慰地说，罗伯特工作时间更少了，同时还能轻而易举赚更多钱，比以前更愿意冒险，收益更好。他现在能有多一倍的时间陪儿子打高尔夫，陪妻子的时间更多，他们的生活焕然一新。他也能注重自己的健康，有兴趣挖掘自己的潜力。现在，罗伯特在他生活的方方面面都能追求最好，而生活又充满快乐和精彩。

盖尔：看来，我们对于投资人和交易人含义有了一些分歧。如果有人打算找交易教练或是投资教练时，这绝对是个该考虑的问题。我觉得对交易人非常有用的问题我就总是喜欢问——如果要你给交易人提三条建议，各位会提什么？

亚迪恩：首先，好好学习交易。虽说现在这些东西很多，有很多人教，要什么有什么，但还是需要自学，就是看书、看书、看书、看书、再看书。其次是要有计划，商业计划，包括入市和退出的规划。再次就是遵守这些计划，如果不行的话，就请位教练。

盖尔：布里特呢？

布里特：首先，如果想成为专家，那就像在任何领域一样需要多年的集中练习。在交易上先从非常小的金额、仓位开始，这样才能走完这个学习过程。然后，随着成功的取得，经验的增长，可以增加规模。

其次就是，如果是新人想成为非常活跃的全职交易人，就必须有足够的资金。如果资金不足，就很可能遭受损失。因此在资金不足时，就会经历更多的情绪波动，因为损失了一大笔资金。所以说，资金充足也是个心理策略。

盖尔：我想大多数人都不认为资金充足在交易上是好的心理方法。第三条建议呢？

布里特：第三条建议是找个导师，从他那能模仿和学习。我学习医疗师就是这么做的，借鉴他们的风格，融合到我自己的风格中去，我觉得交易人也是一样。

盖尔：阿里呢？

阿里：首先，降低损失。愿意面对现实，说出实情，承认错误，退出保持资金。别一直固守己见，以致于造成损失。

其次，建立保护机制，开始确定仓位时，要与自己能确定的程度相符，而且要与利润目标一致。这比看起来要难得多，大多数人往往太保守、太谨慎而错过了机会。要能接受目标的指引，做些必要工作，给自己的判断找到理由。

第二部分　管理智力、情绪和风险

再次，回顾自己做过的，要灵活，不断更正、提高成绩，适应市场不断变化的新要求。交易成功需要专心、追求和投入。

盖尔：布里特，说到交易或进行交易的一般益处，我还想提醒你曾经告诉我的一件事，我觉得这是我们结束此次对话的好结尾。

布里特：操作恰当的话，我认为进行交易就是一种自我改造的方法。交易的时候，就促使你以某些方式应付压力，提高自己做人的素质。而在你提高自己，提高应付风险的能力、处理问题的能力时，对交易也有好处。因此，在理想情况下，就会有某种协同作用形成，交易提高了，你自己也提高了，这样交易就成为一项高尚的事业。

盖尔：今天各位的评论非常精彩，再次感谢各位的远见卓识。

盖尔·奥斯顿30多年来活跃在衍生行业和商业房地产行业的高级营销、广告、企业交流岗位，服务企业包括芝加哥商品交易所、芝加哥交易所、美中商品交易所。她是《SFO》杂志的前执行编辑，负责发行了40期杂志。本文首刊于2003年7月《SFO》。

第八章　你的心智过滤器被污染了吗？

托尼·特纳

　　身处一个勤奋而尽责的社会，我们自身都是清清白白。我们希望自己的生活、娱乐和工作环境明光锃亮，我们清理自己的家、车库和自己的身体，但还有一个地方我们总是忽略，随它乱七八糟——个人的心智过滤系统。

　　如果我们每天早上坐在办公桌前，面对交易屏幕，脑子里和情绪上完全没有忧虑、偏见、消极的往事、消沉的认识会怎么样？如果我们过滤和分类接收信息的心智和情绪过滤器没有乱糟糟的判断或学来的"油烟"会是什么样子？显然，我们会用清晰的概念观察市场，明白而且自信地执行交易计划，也就是说，我们会赚更多钱！

　　每次我们研究图表或其他调查资料，然后点击买入或卖出的时候，我们的决定总会经过自己确立的认识系统和思想集合——心智过滤器。这些过滤器就是一生情感和经历构成的网纱，旨在保护我们的安全，但一些过滤器实际上阻碍了我们作为交易人的进步。消极的心理混乱——其中的大多数我们都不知道是怎么积攒起来的——都是看不见的阻碍，限制了决策的自由进程和成功必需的灵活头脑。

　　本章中我们会讨论三种阻塞我们心智过滤器、延误交易决策的污染物，分别是：自我价值观和个人价值认识、对损失的懊悔及急于求成。

　　这三者看起来不应该吗？绝对应该，也正因为如此才难于发现，但就像油腻肮脏的街尘，悄无声息地在引擎盖下积累，不为人见、不为人闻，直到有一天你的引擎（交易事业）卡壳得厉害或"嘎"的一声停下来。

第二部分 管理智力、情绪和风险

检查自己的价值观

作为交易人如果被问到："不付出体力劳动就轻而易举赚钱，你配吗？"我们大多数人会抬起下巴回答："那还用说。"而在内心我们交易人却不真这么想。

长期以来，美国一直是世界经济的领袖，这主要是因为我们的劳动价值观，我们强调咬紧牙关、付出汗水、不劳而获的道德观念，比起其他国家，我们更起早贪黑、辛苦劳作、牺牲娱乐，坚持认为："毕竟，钱不是树上长出来的！"（意为：赚钱需要勤奋辛苦的工作。）

难怪交易人在几分钟到几小时之内进账几百、几千美元，还不用流一滴汗时，心底有一个微弱的声音嘀咕，我们根本不配。（是，没错，我们也有几个小时的研究和调查，但不做也有得钱赚；我们还都知道，市场新手靠运气都能积累一笔钱。）

如果我们秉承了这种劳动职业道德，认识到赚快钱就是我们这一职业的特点就很重要，而且几年来能在这一行业中活下来的人都能证明，虽然这种劳动没有消耗体力，但却牵扯和绷紧了我们脑袋里的每根神经！

另一个自我价值认识来自于一种谦恭的认识："贪图金钱是万恶之源"。作为交易人，我们每天盯着的就是价格和金钱。如果我们潜意识地认为这种"爱"钱就是罪恶，不能认清事实并代之以富有是好事的观念，我们的盈利能力就会被极大破坏。

最终，我们一些人不知不觉地埋没在年轻时老生常谈的告诫中："你这个懒鬼，有什么脸拿这个钱"或是"你将来一事无成"，这些话伴随我们步入成年，根植在我们的自我形象中，一点一滴渗透在交易决策中。

这种模式听起来耳熟吗？回想一下你的童年，有没有人告诉你你不配过好日子？或有没有人让你产生这种感觉？仅仅这种感觉就会在你的潜意识里烙下一种思考模式，会损害你的交易（和其他很多）目标。

这种自我价值认识因为无形无影，具有潜伏性，会让许多成功的交易人毁掉自己的事业，受其影响的交易人会有一系列的盈利交易，但他们将不可避免地丢掉所有的利润。

我就认识这样一位交易人，他是一位非常优秀的交易家，知识渊博，具有交易天赋。他有自己的交易账户，以任何人的标准来看账户数目都很大。但他的武器装备中有一个小裂痕——他会获取高额收入，然后会全部退回去。他多年都是这样循环往复，缺口越来越大。

有一天，他做到了，全部资金一分不剩全没了。他私下告诉我，他如释重负！他内心一直认为自己是个冒牌货，觉得自己不配成功。他最后损失掉整个账户资金后，下意识地做了了断，证实自己根深蒂固的认识千真万确。

要治疗这种可能潜伏在下意识外表下并阻碍交易事业的自我价值认识，就要在每一天都扪心自问：你是否准备并理应轻而易举地赚快钱。你的回答是急切的肯定吗？如果不是，就先别做交易，等到你再次审查自己的思考过程，用积极主动的认识代替所有消极想法后再说。

接着，在交易日记中保留一块特别的地方，记下交易当日的想法和感觉，直到你需要有勇气和决心来写下这些东西时为止。一些感觉和思考模式审视起来并不好受，但要记住，这么做的好处是带来更加成功的交易事业。

这么想吧：消极的自我价值认识会破坏你的进步，类似于你脚后跟下的石头渣，小得都看不见，但踩在上面却疼得要命。这种疼痛让你抓狂时，坐下来，带上眼镜，把鞋翻过来，用手指在后跟上摸索，找到它。（是的，这个过程很讨厌，而且难受，但也要做，否则就没法走路了。）抠出那个石头渣，疼痛会立马消失，你的步伐会恢复轻快。

抛弃对损失的懊悔

另一个腐蚀我们心智过滤器的就是为损失追悔莫及。我们交易人基本上会产生两种损失：明确的和不明确的。优秀交易人在进行每笔交易前，会明确他们的风险系数，也就能知道损失。根据账户规模和经验水平，很多交易人还会更进一步确定自己每天、每周和每月的最大账户损失。

另一方面，冲动交易人蒙头入场，叫嚣着要大赚一笔。如果拍着他们的肩膀让他们确定风险,他们会回答说:"呃?风险?什么鬼东西?"

有一天他们不知不觉陷入令天地失色的市场风暴中,丝毫摸不着紧急出口(解读:保护止损点)在哪里,唯一的出路就是随着价格下坠(或买空时就是上扬),任自己的市场订单灰飞烟灭,追悔莫及。

现在如果我们说老实话,大多数人都要承认,总有些时候忽略了风险系数,死守着亏损,而价格则沉入黑暗的深渊。这种情况导致的问题是我们丧失的不仅仅是金钱,这种经历都会导致负罪感和自责,即使在交易清仓后,这种感觉还会在潜意识里滞留很长时间。

如果不排除和治愈这些感觉,我们的洞察力就会笼罩在其阴影下,连赚钱的机会从天而降我们也不会察觉,因为懊悔和羞愧蒙蔽了我们的远见。

懊悔损失不像自我价值问题那样,是很容易察觉的。虽然这一点值得庆幸,但克服这一问题需要一剂纪律性的猛药("……从这天之后,我永远都要遵守原则");写出来的交易标准(如:"我在长期趋势方向上交易")和针对每一笔交易深思熟虑的计划(执行交易前就要决定买入价、第一个保护止损价和第一个交易目标)。

在改善时还有一个技巧可供使用,但需要钢铁般的自我控制:背水一战。告诉朋友你已经确立了资金管理的新计划,你发誓要遵守。想着你朋友会提起这个话题,问你新计划的进展情况,就会提醒你自己的诺言,防止自己背弃前言;而且,你也不想向朋友坦白自己违背誓言了吧。

最后,你对纪律和资金管理上的用心会很快产生效益。一旦你看到屏幕上的红色,任何对损失的未了遗憾会代之以新水平上的自信和自我肯定。

断绝求功心切和完美主义

苛刻的自我审查是 A 型个性的一个特征,是成就远大的人,大多数交易人即为此类人的通病。此外,交易日中挑剔而评判的自言自语模糊了我们的远见,导致我们重新审视理解所接收信息的方式。这些消极因素妨碍我们的灵活心智,无法辨认市场反转。

大多数的急于求成根植于完美主义这种个性特征。带这种特性的交易人习惯为自己树立远大理想，然后会因为无法企及而对自己苛刻，这就意味着在交易上设立不切实际的日或周盈利目标；在无法实现目标时，对自己的失败自责。

特别是对于交易新手来说，这种情况激起了情绪链，进而导致过度交易。交易人希望实现设定的利润目标，因此会过度交易，甚至连机会很小的市场也不放过，最终会导致损失。

为了让账户扭亏为盈，在焦躁心态促使下的内在压力促使他变本加厉；现在，疯狂的行为引发更大的损失——更消极的自我评判——刺激交易人更多交易——造成更大损失，这个循环一再往复。

急于求成的另一个形式就是股票规模增大。例如，交易人习惯于交易300股，如果提高到1000股通常就会觉得力不从心，这是有原因的。1000股的1/4损失是250美元，而300股的相应损失是75美元，只有前者的不到1/3，仅仅知道有可能损失以往数量3倍，就能促使急于求成的心态升级，采取在恐惧心态促使下做出的策略。

我们当中的完美主义者中如何净化心智过滤器，排除掉阻碍盈利行为的限制特性？

首先，从关注由业绩决定的目标转化到关注以过程或方法决定的目标。例如，不要说"我这周每天都要赚1000美元"，而要说"我要尽力小心计划每笔交易，然后至少在80%的时间按计划行事。"如果达到了80%，就要抬高标杆到85%，甚至更高，最终让遵守计划成为第二天性。这样一段时间后，你会赚更多钱，因为决策不会受到不切合实际的目标驱使。

如果你曾过度交易，就知道这种行为会直接导致疯狂状态。这是我们要小心控制感觉的另一个原因，这些感觉会在我们交易的思考中酝酿，而我们想要的唯一情绪就是平静的自信——来自纪律性、知识和经验。

任何潜入交易中的恐惧感——从紧张到彻底惊慌失措，都会促使你停止交易。站起来离开办公桌，重新评估市场和自己的操作，你的看法与市场同步还是不同？你可能想落袋为安，减小止损，甚至溜班，但知道何时不交易才是专家的表现。接着，如果你决定提高股票规模，这与你的资金规模和资金管理目标都相符，那就这么做。但一次只增加 100 股，时间间隔一两周。这样，你就会逐渐习惯处理较大的增量，而且感受到的压力最小。

清洗心智过滤器提高决策的流动性

成功交易 90% 是心理和态度决定的，因此，花点时间定期审查和清扫心智和情感过滤器，找出和消除积累起来的阻碍决策的认知。

然后你每天早上坐在椅子上时，你会用洁净、健康、以最大功率运转的心智和情绪操作系统观察市场。

托尼·特纳的著作非常畅销，包括《初学者线上日交易指南》（亚当斯传媒公司，2000 年）、《初学者短期交易指南》（亚当斯传媒公司，2002 年）和《新股市的短期交易》（圣马丁出版社，2005 年）。她还是国际金融大会和论坛上受欢迎的发言人和交易人。更多信息请访问 www.toniturner.com。本文首刊于 2002 年 6 月的《SFO》。

第九章　如何成为百折不挠的交易人

布里特·斯蒂恩博格博士和马克·库克

世贸中心被袭对美国来说是一个分水岭，对于亲自经历或目睹袭击的美国人来说也是一个里程碑的事件。9·11后，咨询师加班加点帮助那些有创伤后遗症的人，即便如此，还有很多人——包括从大厦逃生的人，并没有被当天的恐怖事件吓倒，他们很快伸出援助之手帮助他人，同时设法着手开始工作。这些顽强的精神展现了心理学家所称的坚韧素质，即使面对泰山压顶的压力，他们也想办法有效应对，不推迟、不乱马脚。

多亏了近期的调查，我们才比以前更加了解坚韧，这种理解对交易人关系重大。

压力和应对

要清楚了解韧性，我们先要从基本知识开始。我们用"施压者"来指代引发情绪低落的事件，其在影响上各有不同。施压者对人的影响与其威胁力度成正比，我们在赶时间时，交通拥堵就是一个突出威胁；失去所爱也是一种威胁，如果我们希望得到这个人的爱和陪伴。

我们对施压者的情绪、行为和身体反应就是应对。人们在日常生活中会应用各种各样的应对策略，其中不少策略与个人特性密切相关。外向的人会向外界寻求应对策略，把问题告诉别人并寻求支持；其他人会采取应对问题策略，积极试图解决手头的挑战。（常用的应对策略见表1）

> **表1：常用应对策略**
>
> **迎难而上**：直接面对压力源，决定解决而不是逃离。
>
> **退避三舍**：说服自己压力事件不重要，生活中有其他更重要的事情去操心，以此来分散压力。
>
> **自我控制**：积极控制冲动，忍着怒气、眼泪、紧张感等。
>
> **寻求他助**：依赖他人的建议和支持处理压力事件。
>
> **承担责任**：承担不利结果的责任，不为失败找借口。
>
> **逃避或推卸**：借助空想、药物或酒精、其他活动等努力逃避威胁事件。
>
> **依计解决**：发生不利后果时会积极找出问题，并想出策略解决问题。
>
> **乐观以待**：找到不利后果中的些许益处，寻求由此得出的经验。
>
> 对韧性的调查发现，没有哪一种应对策略能单独刻画出有韧性的人的特征。韧性看起来是很多对交易人有效的策略综合运用，他们在困难条件下知道如何采取这些策略。尽量以现实手段练习处理这些困难问题，会提高交易人在无法预料的有利和不利的市场事件最激烈时，运用应对策略的能力。

大多数人用普通的应对策略就能处理日常的施压者，但当压力变得难以抵挡而且普通应对之策不管用时，就会带来伤害，进而导致反常且无法预测的情绪和行为反应。

举个简单的交易例子。波段交易迷你标普股指合约，账户上有100 000美元，刚买了3份合约；没一会儿，市场下滑，你损失了整整3个点。你抱怨自己看错了时机，但注意到上行趋势并未受损，因此你还是持仓，最终口袋鼓鼓地退场了。

假设还是同样的条件，但你刚买了30份合约，损失一点即意味着你的账户损失 4500 美元，而不是 450 美元。你发现没一会儿功夫账户就蒸发了 4.5%，你猛然想到："万一情况就这么继续下去呢？如果有我不知道的经济新闻呢？"惊慌失措之下你清仓了，后来只能看着市场继续上涨趋势，而你本该大赚一笔的。

这种场景多数短期交易人（包括我们自己）都太能感同身受了，这说明应对策略在威胁和压力面前是多么不堪一击。市面上的三手交易与三十手交易没什么区别，但其在心理上发生的作用确是迥然不同。

不少交易人还没意识到一旦压力击溃了他们的应对能力时，他们精心策划的交易策略就会形同虚设。身体进入战斗或逃离压力模式，血流就会从大脑的执行中心——额叶皮质流向运动肌和身体四周，压力重重的交易人会觉得他们好像失去理智了，这种感觉万分正确！

韧性：成功的应对

有韧性的人即使在遇到摧毁他人的威胁事件面前，其应对也毫不受影响。如果有毅力，买三十手交易的趋势跟踪交易人会在 4500 美元的下跌过程中稳如泰山，就好似那是 450 美元一样，这不是说有韧性的交易人感觉不到一点激烈程度，只是压力不会压倒要应对的决心。

这种韧性与另一种个性特征形影不离——毅力。有韧性的人在受到威胁时，不易崩溃或放弃，他们在困难条件下会坚持不懈。有意思的是，这种个性也存在于非常有天赋的人身上，他们在各自的领域树碑立传，从艺术和科学到体育和政治。

1926 年凯瑟琳·柯克斯对 301 名天赋异禀的人进行了调查，这是对天才进行的最早研究之一。调查发现，对成就的不懈追求是在一个领域获得最终伟业的一个最重要前提。最近，戴维斯的加州大学心理学家和调查员迪恩·基斯·赛孟顿发现了达尔文主义者的伟大之处：创造性带来了变异、变形，科学、艺术、政治团体的反应包含了优胜劣汰，奉献了大量创新性变形，最终有少数突破成为举足轻重，但这种不懈只有在情绪韧性足够高时才有可能。

我们一般不会把交易人看成有创造力的天才，但这种对比有建设性意义。常见的交易策略如软件预先设定的系数构成的打包好的指标，并不能一直赚钱，赚钱的反倒是以独特方式观察市场从而获得持续先机的策略。

比如说，布里特为其网站（www.brettsteenbarger.com）测试短期交易策略时注意到，半导体股票（费城半导体指数）在上行时涨势比标普500（标普指数）强劲的情况下，上涨态势比半导体股票滞后于标普时更有可能继续。同样，费城半导体指数下挫比标普指数猛烈时，下跌态势比半导体指数显示相对强势时更有可能持续。基于这种关系，他开发了"费城半导体指数和股市"指标，跟踪半导体指数和标普指数的相对运动。后来证明，决定日内移动时的持仓时间时，会用到这一指标。

如果成功交易人形成带来先机的变形策略，市场就会显示优胜劣汰的力量。《实用投机买卖》（威利出版社，2003年）的作者维克特·尼德霍夫和劳雷尔·肯纳因其永远变化的周期概念而著称。在一个市场有效的策略（想想在20世纪90年代后期科技股牛市里，跳空开盘上涨时买入）往往在其他市场难现雄风。

要想长期盈利，交易人必须一直能形成创新性的变形，不断变化的市场要有不断变化的策略。伤痕累累的交易人即使才华横溢，也会因为未能完成比赛而无法取得长期胜利，这就是为什么韧性对交易至关重要的原因。

了解韧性

《美国心理学家》2004年1月期刊登了一篇有关韧性的非常重要的调查评论，作者是哥伦比亚大学的心理学家乔治·博南诺。其中有几点重要内容：

●**韧性不同于复原**。从压力创伤中复原的人一般在威胁时间后立即会有一段时间的失常，然后会恢复到基本正常状态。但有韧性的人从来没有这种最初反应，他们在最艰难的环境下也能维持正常的基本状态。

● **韧性是常态**。在 9·11 的余波中，经历这段时间的大多数人的确能继续正常生活。虽然我们都受到惨剧的影响，但经受完全的后创伤压力则是个别现象，而不是人人都有。同样，失去挚爱的人中，只有 10%~15% 的人出现长期的郁郁寡欢和悲痛。超过一半的人的悲伤程度相对较低，能够在伤心的时候维持正常。

● **具备韧性有多种途径**。有韧性的人在有压力期间不会单独使用一种策略保持正常状态，而是会利用适合其个性的多种策略，甚至在最危险的时间，也知道如何采取这些策略。

博南诺描述了一种共同看法，如果有人无法主动提起或处理损失，会在日后的特定时刻，出现某种滞后的悲痛或压力反应，但他指出，有韧性的人中还没有发现这一现象。他们不仅仅依靠心理方法清除压力，而且是在压力期间就着手解决，主动最小化影响。

我们在成功交易人身上一再发现的个性之一就是面对成功以及失败时的坚忍不拔。

高度成功要求心智能够激发到超正常水平，奥林匹克运动员在培训前就准备好达到被认为不可能的水平；同样，交易人追求的利润是一般上班族无法估量的。在目标前止步的人会退化为庸人，有韧性的交易人取得胜利后会抬高标杆，跳得更高，意识到他能实现的价值远远超过预见。大多数的人拒绝接受他们无法预见的事情。真正的创业者，非常成功的交易人就是创业者，会去看并且看到大多数人看不到的。

他们看法的演进是所有成功交易人都经历的：我看到自己了，太难看了！我看到自己了，这是可以改进的！我看到自己了，太开心了！韧性表现为鞭策自己要坚持。任何改变过程的第一步——愿意严格、正确地审视自己，知道哪里不好，这本身就是韧性的表现。马克在研讨课上告诉大家，时间就是获取智慧的盟友。他用公式"知识×经验=智慧"来说明韧性驱使下的毅力如何帮助一个人积累对自己和市场的理解，并强调智慧必须用事实和时间不断灌溉。

我们能提高韧性吗？

现在到了问题的核心：交易人如何做能塑造韧性？

对焦虑和心灵创伤的短期治疗表明我们的确能塑造韧性。例如，认知行为心理专家唐纳德·梅肯鲍姆在20世纪70年代开发了一种技巧，称之为"压力疫苗"。他的想法简单明了：就像在接种时一小剂非活性病毒就能激发身体的抵抗力，或许来点压力也能调动心理防御能力来应对。

梅肯鲍姆的技巧要求客户辨别出近期可能发生的压力事件，例如公开演讲、首次约会、期末考试，然后鼓励他们形象地想象这些事情，同时自己想象采取成功处理的措施。这种假象的施压者不像现实中那么有威胁力，但就像少许的非活性病毒一样，真实性足以瞒过大脑和身体，采取积极的应对方法。压力疫苗的关键不是客户简单地向其医疗师描述压力，而是积极通过想象来体验压力，同时调动最好的应对方法。果不其然，梅肯鲍姆发现，用这种疫苗对压力有所准备的人其处理效果好于那些在情绪上没有准备的人。

布里特发现对交易人最有帮助的压力疫苗变形是所谓的"洪水"，在某种程度上，其代表了梅肯鲍姆方法的负面。他并没有采取温和的预计施压方式去激活应对，而是鼓励交易人生动再现绝对是最坏情况下的场景。例如害怕触及卖出止损的交易人就鼓励他想想市场跳空急跌，远远低于止损点；或者不是假想在一段下跌后体会亏损者的感受，而是让交易人想象他的不足被公开嘲笑，其目的不在于仅仅是激起应对，而是尽可能以最极端的方式让交易人体验恐惧、羞愧和急切。

起初他们不愿意体验这些消极感觉，但一旦他们经历过一次最坏情况，其反应几乎都是"这没我想的那么糟"。这种认识绝对是一种解脱。

这种疗法对塑造个人的韧性很见效。反复体验压力事件有助于将其常态化，降低恐怖效果。这种原理构成了特种部队在为危险任务做准备时的"爬行、行走和跑"的培训程序的基础。反复演习任务先是慢慢地，然后逐渐提高模拟程度，士兵就能预测可能出错的事情，激活其策划和应对，就更能圆满完成任务，战争中的摩擦难免影响精心安排的计划。

交易则意义深远：韧性不是能教出来的，其增强并不来自于自我审查、自助技能或心理治疗。韧性是培训而来的。尼采的名言——杀不死我的让我更坚强是造就韧性的培训模式。这就是为什么创伤后压力反应对延长接触施压者的疗法比传统心理疗法效果更好的原因，也是为什么长期接触比短暂接触效果更好的原因。诸如洪水等的接触疗法是培训方法，不是单纯的咨询方法。

那么交易人如何利用这一调查结果呢？对创伤压力治疗的调查清楚显示，有助于情绪回复的是经历危险事件，而不是学习技能或提高洞察力。而且，延长接触通过刺激韧性的加强，显然是加速情绪改变的核心因素。到现在，我们还不能确切知道延长接触和压力再生之间的关系能有多大。如果90分钟的接触比标准的45分钟有效得多，那个3个小时的接触是否效果更大呢？我们对此并不知道，因为保险公司不会支付3个小时这么长时间，而且医疗师对职责官司非常敏感，不会让客户经历心理遭罪周。

布里特在这方面与交易人的经验表明，接触时间和韧性塑造之间是指数关系。非常短时间的接触不足以挑战个人，无法树立其应对之策。更集中的接触，类似美国陆军游骑兵学校或海豹特遣队培训，会很快加速使应对技巧成为家常便饭，从而使不熟悉的威胁失去其威力。可能连续5个小时的真实演习比每周五次一小时的演习更能产生戏剧化的效果。

如果杀不死我们的确能让我们更加坚强，我们理应超越自己的舒适区，走得远远的。逼真的洪水在情绪不稳时，极大延长接触最坏交易情况是摆脱施压者的威胁、树立交易人韧性的最快方法。如果你反复经历对你来说最糟糕的事情，并且能够等到雨过天晴，那你就向无压力交易取得了重大的进步。

第二部分 管理智力、情绪和风险

　　布里特·斯蒂恩博格博士是纽约州立大学上州医科大学锡拉丘兹校区的精神病学和行为学临床副教授。他担任芝加哥金斯特里交易公司的交易人开发项目负责人，指导专业交易人并调整交易人培训项目。斯蒂恩博格是活跃的股指交易人，将根据统计得来的形态认识用于日内交易。他还写了《交易人绩效强化策略》（威立交易，2006 年）和《交易心理学：认识市场的工具和技巧》（威立出版社，2002 年）。斯蒂恩博格的交易档案和博客请见 www.brettsteenbarger.com，市场分析博客请见 www.traderfeed.blogspot.com。

　　马克·库克获得美国 1992 年投资冠军，收益超过 500%，是杰克·施瓦格的现代经典著作《金融怪杰》收录的交易人之一。他一直致力于教导和鼓励各层次的交易人，内容之一就是在俄亥俄州东斯巴特的交易办公室举办定期探讨会。库克还为交易人提供每日两次的咨询服务。可以通过 cookfax2@aol.com 或其网站 www.markdcok.com 联系到他。本文首刊于 2004 年 7 月的《SFO》

第十章　为什么你无法扣动扳机

内德·甘德维尼

交易新手和老手同样存在的通病是他们有时未能执行自己的交易计划。他们或许会用无数小时来制订一个交易计划，但由于某种原因，等到要执行计划时，他们失去了目标，放过眼前的交易机会而未能收获任何利润。

例如，你会看到市场逐步接近买入价，但却没能在关键时刻扣动扳机。随着市场上扬，迫使你采取行动，但你还是没有。你生气、自责，反复问自己为什么没采取必要行动。为了更好地了解这种现象，我们来看看促发我们行为的原因。

动态系统的行为归结于两个因素：内部动力和外部因素。动态系统是指行为在一段时期后就发生变化的任何系统。动态形态无论是股市还是人类，根据两者主要因素运行并反应内力和外力。比如说，你今早到公司，为了实现到办公室的即定目标（你的需求和欲望），你需要一种交通工具（外部因素）。

为了辨明"未能扣动扳机"现象背后的主要原因，我们会在以下内容中分析这两个因素。

内力

除了外部因素，内力可以极大程度上影响行为。在人类动机领域进行了约40年调查的心理学家大卫·麦克利兰称，三种变量以复杂的方式相互影响，促使人做出某种行为。

1. 认知（知识、认识和理解）；
2. 技能和适应性（习惯、能力和个性）；
3. 动机（驱动力）。

那么每个因素是如何造成"未扣动扳机"的典型症状的？

● 缺乏交易系统或适当的交易知识（认知）；

● 因为个性和习惯未能遵守或执行交易系统（特性）；

● 缺乏动机和欲望没能下单（动机）。

简而言之，理解、心理和情绪状态以及动机三者综合起来产生了重大影响，所以才未能下单。我们来分别看看这三个变量。

交易系统和交易知识。你对市场的理解，即对交易系统的知识和看法有助于察觉外部信息，并进行相应过滤。为了交易成功，就有必要确立交易计划，回答以下问题：想交易哪种（些）市场，期货、股票还是货币？对哪个分析周期感兴趣，长期（仓位交易）、短期（波段交易）还是日交易？想如何交易，用机械系统还是随性交易？

认知变量与理解和看法有关。今天，绝大多数交易人都知道，在把血汗钱放到市场上冒险前应该先有某种交易系统，交易系统一般会告诉你何时发出买入（看多）或卖出（看空）指令而入市，还会告诉你何时退出、在哪里设置保护止损。应该密切关注交易系统，看看其是否适合自己。知道如何交易和执行系统，就应该能让你咬紧牙关，扣动扳机。

应用交易系统，知道自己的 ABC

理智情感疗法之父埃利斯博士认为，决定我们情感和随后行为的是我们对事件的看法，而不是事件本身。他的理论以 ABC 模型为基础，在看到刺激事件（A）时，由于对该行为后果（C）的看法（B），你会调整自己的作为以实现该行为预见的结果。刺激事件（A）、你的想法（B）产生了你所做行为的后果（C）。你的看法——而不是市场的刺激事件——促成并决定了你的行为。你的看法不是市场等的刺激事件促成并决定你的行为的。

再举一个这一理论的例子。假设你从办公室开车回家,一个骑车人突然冒出来,你猛踩刹车,车子发出刺耳的声音停了下来。你的心脏猛跳,肾上腺素奔流在全身,可能还冒出了一身冷汗,尽管你吓了一跳,但事情很快解决了,没人受伤,然而你的生理反应却与发生事故时无异,这就是因为你对事件的认识(无论事件是否真实)对你的身体和情感体验都有强大的威力。

同样,你的认识构筑了你对市场行为的反应基础。虽说市场对每个人都是一样的,但每个人对市场的反应却不同。例如,你可能会认为期货交易风险很高,与赌博差不多,既然这是你的认识基础,你就会显示出赌博行为,或许会冒很大风险或想在市场上一夜暴富,结果就是可能不会遵守交易计划:下单太多或不足。而另一方面,你朋友认为交易股票市场仅仅是另一种赚外快的方式,因此他们会一直遵循计划。由于你朋友对期货市场的这种认识,就有可能完全按照计划下单。

利用 ABC 模型,能够让你理解、更重要的是纠正自己的行为。因此,不仅要分析自己对市场的看法,还有形成市场看法的根基,这很重要。

我们的个性与看法一样,影响着我们的动作和行为,甚至是交易行为。想想你的交易经历:在买下一笔交易后马上坐立不安,到头来没有执行交易计划?或是定定坐着盯着市场与自己的计划背离而去?在交易特性概况(TPP)测试中,紧张的交易人可能神经过敏症的得分会很高,这是交易的决定性因素。皮尔斯·J·霍华德博士认为,神经过敏症或消极情绪是个性的主要维度。行为的范围可从回应性到回击性,在这种序列反应中,中间的是应答性,其可能带有两种特性。有没有注意到有些人在压力下自然保持冷静?你甚至会认为他们冷血或置身事外,他们的神经过敏症分数很可能较低。

可能你在交易时也不能说是焦虑,但你总感觉能改善交易方案,所以不断地东改西改。假设某一天你注意到几个指标没有盈利性,然后你就开始捣鼓系统,认为你可以改进。"为什么不呢?"你对自己说,可以再添几个指标,看起来更可靠,会做得更好的业绩。你检查了几个指标,如移动

第二部分　管理智力、情绪和风险

均线或不同时间段的随机指数，然后你从自己新改良的系统中得出信号，这笔交易要亏损。而现在你认识到，原来的系统或许已经构成了盈利交易。你很生自己的气，因为你未能遵守计划，不停地改。

可能你在 TPP 测试中的开放维度得分很高，这就意味着你喜欢探求不同的选择，一再修订系统，想要找到完美系统。你会发现你一直在重复同样的行为，自己还不明白为什么，一再重复行动，只是因为这就是你。你不应该苛刻自己，或许应该找一种系统或其他方法来适合自己的特殊个性，而不是总想着改变系统或逆系统交易。

为了更快地了解自己的交易强弱项，做一做 TPP 测试。如果能找到自己的特殊个性，就能形成或选出更适合自己个性的交易系统，让你更有机会取得成功。从上述例子中可以看出，我们必须更好地理解自己的个性特征，才能成为更棒的交易人。

1. 交易动机和欲望。为什么做交易？你喜欢这一行吗？认为交易就是赚快钱吗？你对这些或类似问题的回答会显示你的交易动机。动机是一种潜在力量，促使你努力追求或避免某件事情。不少交易人来交易特别是日交易，因为他们喜欢这一行。一些人交易可能只是为了潜在的金钱回报。但还有其他人来交易或许是因为交易代表了一种虚拟的挑战，让他们保持灵活机敏，他们喜欢预料市场下一步行为带来的挑战。

你交易的动机何在？如果你也和其他人一样是为了赚钱才开始交易的，那就问问自己："我能不用遭受任何固有的经济风险和交易情绪压力，而赚同样多的钱吗？"如果你有一个工作机会可以赚同样多的、甚至更多钱，你会怎么办？会接受吗？

我们来看看两位操作标普看涨仓位的交易人。

交易人甲看着市场在买入价附近波动，然后，市场毫无预警地直跌 3 个点，他就按照 2 个点的心理止损点退出。交易人甲生气了，以 3 个点的损失退场。他虽然心烦意乱，但知道这就是这一行的一部分成本，开始留意下一个入场机会。

交易人乙也是看着市场在买入价附近波动，然后还是毫无预警地下跌，比买入价低3个点。他也在心理设置了2个点的止损，但他并没有退出。他气愤之极，开始怨天尤人，砸自己的显示器；还冲着场内交易人、经纪人以及任何可能与反向运行有责任的人大声嚷嚷。现在回调了2个点，他感觉好多了，坚定了自己没有退场、执行方案的信念，然后，市场像刚才一样突然降低了4个点。现在他怒火冲天亏损了5个点，但他还是没有退出，而怒气更是更上一层，本来应该只亏损1个点就该退出，现在面临着5个点的潜在损失。

想一想痛苦和快乐原则，为什么他没有退出亏损交易呢？交易人一般都会对亏损感到难过，但没有遵照计划或对策略采取必要修改。交易人乙享受损失和后悔的感觉？他没有退出的动机何在？他喜欢失误吗？还是有更深层的东西？是拒绝承认？还是事关控制？这些问题需要慎重考虑才能回答，关键是在改变前找到行为背后的动机因素。

整体审查交易心理会关注恐惧和贪婪。作为重要动机的恐惧有不同的表现形式。恐惧和贪婪可以用来理解市场心理的整体概念。细说起来，恐惧是主要的，但不是导致所有问题的根本原因，交易亏损的交易人还怕亏得更多。人的天性就是避害，因此他管理自己的亏损，持有亏损交易时间过长。另一种暴露交易人恐惧的方式就是早早结束盈利交易，无论赚多少钱，就很快获利退出。对人类心理的进一步调查显示，我们在赢利时也不爱冒险，通过尽快退出来保护利润。不过，知道了这种动机是内力的核心因素，应该会有助于了解交易行为。

很多时候动机因素是清晰可见的，而有时却不是。动机和情绪以复杂的方式彼此影响，有时动机很容易区别于情绪，另外两者的界限则模糊不清，很难找到行为背后的原因。找到内在或潜意识动机的方法之一就是看看自己的价值体系，你最看重什么？怎么区分好坏、成败？这些问题的答案有助于你搞清楚自己踏足市场的动机，帮你定义或重新定义价值系统，更快实现目标。

如果钱是你的首要动机，那你的情绪就会随交易业绩上下起伏。有时，如果市场对你不利，你就会害怕，过早退出；而在你退出后，市场又对你有利了，就像你的交易系统所示那样；或者你的交易刚开始有了点赢利，你不由自主地要尽快退出，然后，让你伤心不已的是，市场继续向对你有利的方向运行，你的利润可能更大。这种东西会促发一种行为，反过来会造在情绪上让你感受过山车。你开始在心里对自己苛刻不已，自信心开始动摇。

出于同样的原因，你曾经有过亏损经历，担心下一次可能还是亏损，所以或许未能下单，因此，你告诉自己在这次入场前要找到更多验证信息。这次市场飞速离开了你的潜在入场价。现在你觉得自己行动太慢，错失了一大笔利润，因此，你决定下次会更冒进，不用等验证就入场。而不巧的是，市场却与你背道而驰，你以亏损收场。你不但咒骂市场，看身边谁都不顺眼，而且你再次在心里想着那些消极想法，觉得前途渺茫。

交易也是生意，与其他生意一样，在入手前需要满足基本的要求：热爱交易并抱有激情、交易动机远远不是为了钱、稳健的交易系统或方法、文件的交易方案以及执行方案的能力。如果你是为了钱进行交易，那最好还是另谋高就，不用忍受情绪和经济风险。交易动机是个隐藏在你行为之下的重要因素，或者你缺乏动机。如果你无法入市，我鼓励你找到进行交易的真正原因。

外因

外因和环境，例如交易地点，也会对在你无法下单时发挥重大作用。你是在办公室交易还是在家交易？如果是在办公室，是一个人还是一群人？有没有窗户？房间是亮堂通风还是黑暗压抑？墙壁是什么颜色？所有这些因素都可能会影响交易，也可能不会。虽说外因可能影响行为，但其影响程度仅限于个人对其的敏感度。

外因就像催化剂，会影响执行交易策略的行为和能力。但是，决定性因素是内因：动机、知识和个性。在个性中，有一种分类称之为外向个性。这种个性是指对其他人和环境能积极参与或融入。

根据性格测试的得分，你要么是外向型，要么是内向型。如果你喜欢负责、直抒胸臆、与大家合作，则很可能是外向型人；而如果是更独立、墨守成规、保守及更愿意自己待着或工作，则很可能是内向型人。

适合个性的环境，有助于获得更好的交易结果。因此，你要密切注意自己的交易环境，做些安排或改装，以便更好适应你的个性。

了解了外因和内因，会有助于执行交易并避免未能下单的现象出现。你要知道并找到自己的习惯行为方式或个性，才能成为成功的交易人。注意个性会帮你做出正确的决定，加强下单的愿望。适宜的交易环境和支持团体，并清楚自己的交易系统、习惯方式、个性和真实动机，所有这些因素共同断绝了未能下单现象，有利于你获得交易成功。

内德·甘德维尼博士撰写了《如何成为成功交易人：交易个性概要》（作家俱乐部出版社，2002年）。他是专业交易人，根据混沌理论开发了盈利先机系统（www.winningedgesystem.com）。甘德维尼开发了交易个性概要，这是一种将交易人和基金管理人与其最好的交易和资产管理风格配对的数量方法。他在美国和欧洲各地举办交易心理研讨班，目前在纽约市的凯勒管理研究生学校教授MBA课程。他拥有工商管理硕士和金融博士学位。本文首刊于2003年7月的《SFO》。

第十一章　坚持交易方案

彼得·卡普兰

从交易第一天起，我们很多人就听说了很多这一行需要纪律性的话。问题是应用到交易里的纪律到底是什么？交易纪律就是做我们知道的、不做我们不知道的。

或者如果有人还想简化，那就是纪律就是遵守交易方案，就是这个，这就是全部的意思。大家想与交易纪律联系起来的任何一个问题：严格利用止损、在达到目标前持有、多次亏损后自动停止、关注仅有的几个入场点、优中选优做交易和拒绝不达标准的交易，等等。所有这些问题都属于设计精良的交易计划范畴。

关于纪律和交易方案有一个惊人的发现：有一个绝妙方案其实没有执行方案重要！现在，的确，这就意味着我们的方案是建立在交易的一些基本原则上的，并受到了合法教育的支持。但假设我对所要做的事情知道一二，适用纪律最终会比方案的细节更重要。我讲一个有趣的小故事来说明这一点。

我的故事

几年前我第一次学习做日交易的时候，经历了学习过程开头经常遇到的艰辛：让人丧气的损失、无穷的愚蠢错误、错失良机、大量意气用事导致时机选择错误等。虽然我几乎每个交易日都在亏损，但我强烈感觉我当时的交易知识足够能带来利润，我知道要做的事情和我实际做的事情差距太大，这很奇怪也很可怕。

有一天交易结束后，我遭受了特别让我头疼的损失，最终设置了底线，我对自己说："好吧，自作聪明的人，如果你真以为知识渊博得足以赚钱，那就来看看如果真强制自己会怎么样？"当晚，我事无巨细地写下了在交易日可以做的所有事情，更重要的是，写下了所有不能做的事，让自己清清楚楚。要知道，我那时的确模糊地知道了交易方案的框架。问题是，我更倾向于将其看做是某些好的交易"建议"，而不是密码，也就是说，这只不过是交易当天可能发生事情的一点儿无用的描述。

这次为了打消这种想法，我明确加入了一种特殊的神奇因素，让设计交易计划的劳动物有所值——诚实。我跟自己发誓，会遵守自己写下来的计划，无论结果如何。我把整个过程看成是神奇的科学调查，而我作为科学家要做的唯一工作就是正确实施实验，结果如何就不是我的事了。第二天早上，我再开始前又满怀激情得看了一遍方案，然后就将其放在我的显示器旁边，这时时间一秒秒接近开盘。然后……

不要着急

交易一开始我就觉得有什么不一样了。以前那些小数字和图标在我屏幕掠过时，我都觉得自己的肾上腺素如同热浪一般奔流。这种感觉表现激烈时，都让我觉得可怕，或至少是焦急。这天早上我采用了新的交易方法，这些感觉没有了，心脏不再咚咚直跳，手心也没有冒汗，更不用说什么热潮了。我只是仔细地浏览着图表，寻找符合方案的入场点。更重要的是，我没做禁止做的一切事情，这已经是一个惊人的改变了。

我当时的致命弱点就是在进行可能会实际盈利的交易前，总是做几笔不符标准的交易。这次，我就平静地坐着，等候我认为正确的交易，而且放过了一大堆我认为错误的交易。这太奇怪了！为什么我以前没这么做？毕竟，我可没有在一夜之间就掌握各式各样的交易新知识。我是"自作聪明的家伙"，记得吧？实际上我知道每天该干什么，但不知道为什么就是从来没这么做过。

测验的第一天赢得很漂亮。到早上11：00时的盈利已经比我做日交易以来赚得都多了，虽说不是太多。我仍然觉得激动万分，决定当天停手。第二天的情形一模一样：开盘时完全平静自信，放过大量糟糕交易时神奇地自持，能够敲定几笔完全符合我方案的精选盈利交易……然后到11：00结束当天交易，入账几百美元。第三天如出一辙，实际上，之后的18个交易日内，我只有一天亏损。对于一个没能连续两天盈利，而且十有八九都在亏损的家伙来说，这就是奇迹了！现在，这些天的情况已经不会让我大惊小怪了，插一句，除佣金外，平均赚了200美元到600美元，但让我欣喜若狂的是我新发现的成功之法，感觉自己腾云驾雾了。毕竟，我很快会大笔提高仓位，赚我应得的钱。（如果你听到地平线上有暴风云在隆隆作响，这不是幻觉，的确，这个故事马上就要有点不太愉快的曲折了。）

为什么这样会有效？

说正题之前，我要先说说我啰唆这么半天的言外之意。我这18天成败故事最精彩的部分，就是我所做的交易方案并不是上帝给日交易人的恩赐，也就是说，这些方案只是合格的，根本不是最好的，这一点恰恰说明：方案有多好，其重要性比不上有并且遵守方案。为什么？因为人的本性是不顾我们真正知道的，而是想干对我们大多数人来说太强大和危险而无法控制的事。

好吧，书归正传，说回"自作聪明"和他的交易方案。到这时，"小聪明"对自己18天有17天盈利的奇迹飘飘然了，在他看来，世界就是他的了，他已经开始盘算着成立对冲基金公司。"再怎么说，"小聪明想："我大不了就是在下单时多加几个零，然后——哗，我就是乔治·索罗斯了！"

不好意思，小聪明的性格就是这样，这就是我，我在18天后的伟大幻想完全是白日做梦，我甚至现在还模糊记得当时要去买顶层豪华公寓。现在说说我是怎么自寻死路的。你可能已经猜到了，我突然不计后果地加大仓位是一个问题，但还不仅如此。我还在其他方面目空一切：将方案允许的仓位翻了三倍，增加了一天的交易数量，延长了交易时间，可以说是将方案中的所有数量都提高了。这么做的道理很简单：如果数量低一点我能做好，那就设想一下数量多了我能做得多好！打住。现在必须要特别注意以下这四个阴险的字：多多益善。

我们身处其中

不得不承认，我们生活的这个社会不断催生出"多"的概念：更多钱、更漂亮、买更多、吃更多……所有都更多。几乎在生活的各个方面，更多就是更好，因此大多数前途远大的交易人在心里竖起了高高的拦路墙——特别是那些在其他方面取得了成功，而且非常受益于"多多益善"原则的人。

在交易上，更多可不是更好！更好才是更好：更好的纪律、更高质量的选择、更好的控制、更好的纪律，等等。那更多呢？通常意味着失去更多。如果不相信我，就去问问"小聪明"吧，他的教训可是血淋淋的，而我当时一边跟着房产经纪人四处看顶层别墅；一边琢磨自己的对冲基金公司标识。我永远都忘不了那个星期一，天翻地覆。我上周末还挺惬意，花了些时间给交易方案锦上添花，感觉交易方案就是一只下金蛋的鸡，只要我好好喂，就能肥得像头猪，下的蛋越来越大、越来越多，原来一页的简洁文件变成了长篇大论，其中包含的形态比约翰·墨菲的《金融市场技术分析》（修订版）（纽约金融学院，1999年）中介绍的还多，这样我就不会漏掉任何一个市场可能提供的机会，就能赚更多得多的钱。

猜猜后来怎么着？你觉得小聪明住进顶层公寓了吗？没，他差点连裤子都赔进去！在后面的两个半周内，他实施了豪华加强版新方案，总计只有两天盈利，还都微不足道，其余都是亏损。别忘了，我还提高了仓位，这段让人士气消沉的时段后，我就折腾光了那神奇18天赢得的所有利润，还有其他的，我那可怜的地产经纪，那是她最后一次带着日交易人看房子了。

事实是，这段不愉快的插曲成为我学习经历的关键部分，我从对交易方案的基本无知到认定其为我的神秘档案，受到我大获全胜那段时期的鼓舞，我实际上认为任何写在我神奇羊皮卷上的东西立即摇身一变就成为盈利策略，结果在这个故事里，我们最终发现了故事的真正精神所在。

减法

"多多益善"原则,这种驱动力,虽然在生活的其他方面有所帮助,但在交易界则是定时炸弹,完全可以说,我曾经神奇的交易方案受到多多益善原则的严重困扰。我把什么都塞到里面,就好像是白给的一样,结果方案本来的克制和集中消失了,我则突然之间有了一个记录交易日可能发生的所有事情的无用描述,而不是一份可靠的地图,指引我走过市场里危险的无人地带。大量重新审视和精神分析之后,所有情况都一目了然了。一旦我有了这个认识,解决起来就很容易了:给我下金蛋的鸡节食,抛开所有无关紧要、低概率的戏码,我又回到了起初紧凑的小方案,没几天,神奇盈利也回来了。

这些天,我的交易方案就是我行动的一个突出重点、非常可信的蓝图,我对什么行动符合计划、什么不符合一清二楚。我对市场的整个看法已经慢慢远离了紧张的日内交易,而是走向了长期交易。我从来没忘记过"自作聪明"时期的教训,我是不是有时超越了严格的交易计划参数?我几乎没有真正违反过计划,只是偶尔稍稍过线,但每次这个时候总是很后悔。我的学习也还在继续,每一笔交易后,特别是每一个季度后,我会非常仔细审查自己的行为,看看自己是否增加了过于复杂的东西。我一直警惕交易里的任何因素会和"多多益善"沾上边。老天知道,小聪明再不那么太聪明时才交易得最好!

彼得·卡普兰在纽约大学广泛学习了技术分析,于 20 世纪 90 年代初开始交易证券。他擅长中长期交易,形成了应付证券市场的综合方式,是 Nexus 资本管理公司的联合创始人,联系方式为 pete@nexuscapitalmanagement.com。本文首刊于 2006 年 7 月的《SFO》。

第十二章　男女交易人互补

盖尔·奥斯顿

还是让我一吐为快吧。多年来我一遍遍地听说女人做交易强于男人，虽说我也是个女人，也总是爱听对其他女人的赞誉之词，但还是觉得这句归纳得有点粗糙，被捧得高高的，无异于说金发美人都是蠢蛋。我最初是想比较一下男女，给这个故事下一个结论，但很快就认识到，这么做根本是对谁都没好处。但在做了12个单独的长时间访谈后，男女在交易上有别的一些惊人一致性，这迫使我不得不严阵以待。

归纳？没错，就某种程度上说是归纳，因为不可能所有男人都是一个样子，所有女人都是另一种样子，而且我访谈的人个个都婉言谢绝了就此评论。甚至有大男子主义的人偶尔也有温柔的一面，而女人在条件适当情况下有时也担任猎人的角色，而不仅仅是做采集工作，阴阳两面经常和谐共存。

但现在是这样，我要摆出来这些非常大方且学识渊博的受访人在讲述他们丰富经历的访谈内容，然后你就能轻松知道成功女性交易人向男性同行传授什么，以及反之，成功男性交易人可以向女性同行传授什么。一般情况是女士们会得到更多好处，因此如果你是位男性，而且你的自尊心无法接受，那就就此打住。另一方面，无论是男是女，如果能够敞开心扉，就会让你未来的交易更有前途。

可能更重要的是，社会已经变了，交易人和投资人不用通名报姓，都平等地来到了赛场上。那些女性交易人只有到机构的交易室或到场内才能交易的日子一去不复返了，现在只要有屏幕就行，性别已经不是问题。今天，正如市场新怪杰琳达·布拉福德·拉斯奇克所说，男女都有份，男孩随便你是叫苏①，还是叫约翰·韦恩，都没什么难的。

知识谜题

戴维·本尼特创立了 WomensWallStreet.com（WWS），这是一个为女性进行调查、比较和管理自己财务状况而建立的微型网口终端。她对5000名男女进行了调查，显示的数据非常吸引人：76%的女性认为，让她们对金融投资望而却步的主要原因是缺乏知识，而男性持相同观点的只占到16%。即使如此，女性控制着美国70%的金融资产。

虽然这并不是说非得做交易，但从中可以很容易明白为什么参与积极交易和投资的女性数量低于男性。她们的这种想法就决定了，只有在万全准备后才会参与这项要消耗大量资金和时间的事业。

与男性同行不同，女性交易人认为需要进行这样或那样的进一步学习才能进行交易；虽然大家都长着同样的脑袋。"她们的回答不仅限于投资或交易，但女性在有所动作之前先要感觉舒服，这本身没有什么问题，"本尼特说，"与男性不同的是，83%的女性认为金融机构无法以善解人意的方式满足她们对交流金融信息的独特需求。"显然，女性朋友认为服务不到位，而男性不这么认为，或是仅仅是没说出来。

最重要的问题是，在刚开始的时候特别是女性，在交易上总是缩手缩脚，动用资金很保守。这样有有利的一面，但也让她们在开始时感觉不舒服、不自信，在学习交易的"交学费"阶段，对亏损的负罪感更重。

"而男性在最初投资或'交学费'阶段就没那么保守或有负罪感，" woodiescciclub.com 的交易人、导师和版主巴布·马吉奥表示，"他们认为

---

① 苏是女孩名。译者注。

损失就是学习的一部分，对于为什么没有立即获利也没有那么内疚或觉得没必要找原因。"

从积极的方面来讲，"女性不怕四处找导师问问题，"朗达·拉斯金认为。她曾经是股票经纪人，现在在直播广播交易室 Firetraders.com 担任交易人导师。男性则有点狡猾，在寻求建议时不愿暴露软肋。

本尼特表示同意，"女性总是调查和谈论自己的投资决策和策略，比男性放得开。正是这种隐含的普遍特性让女性的信息更充分，从而比男性同行能捷足先登。她们能说出来。"

那张得开口就能帮女士们掌握市场吗？绝对不能，这是firetraders.com的高级分析师马克·里克斯的看法。"女性基本上不认为市场是可以战胜的，她们认为市场就是一个无法真正掌握的项目或冒险，需要你不断随之而变并加以提高，不是你能去完成的，也不是你在一天、一月、一年或无论多久能研究并掌握得了的。女性朋友一早就具备了这种感觉想法，而男性有时认为市场是要去击败或必须掌握和控制的。"

光阴似箭

市场不断变化，而男性一般也想与时俱进，而不是花费大量时间学习女性认为非常必要的一些基础知识。

"纸上谈兵看起来对男性不那么有诱惑力，"Optionetics 的交易人和教师克里斯蒂娜·迪布瓦认为，"我的男性学生就是想入场，而女性学生对纸上交易更看重，要根据更多信息决策，所以看得更广。而且，女性总是考虑更多的策略，而男性就想抓住一两个深入学习，往往总是从少数几个工具开始。"

不少受访者表示，绝大多数的女性都能认真地学习了解市场，并且非常好问。丽塔·维特菲尔德是 programtrading.com 的合伙人，该公司提供投资咨询，其独具的特色在于他提供的信息利用电脑辅助交易程序，针对买入和卖出程序的执行及交易和投资的效果。她一直在观察男性和女性对待市场的方式。

"我经过了反复观察，"维特菲尔德表示，"女性天生就对细节更好奇，而且对研究细节不厌其烦。"她观察到的男性都是在书里找办法快速解决，想让机械系统告诉他们何时按开关。她认为："男性更愿意相信场内四处流传的闲言碎语或是刚刚传出的小道消息，而女性则会动用右脑加工所吸收的25%的细节，并忽视对交易抉择无关紧要的信息。"

尽管如此，喜欢分析却有两面性。受访者认为，太注重分析、过于关注数字、技术指标过多等，会压制行动力。他们都认为男性和女性都会过度分析，过于精确。

女性在思考上会比男性慢吗？此点存在分歧。马吉奥称女性不一定就慢，而是更谨慎和深思熟虑。"女性一般都不会过度交易，这就是深思熟虑的结果。她们还总会比男性更快衡量出来，因为他们更容易用眼睛来了解世界。形象化地了解市场的能力并非女性独有，但主要是女性具备。"

其他人意见则不同，认为如果不是万事俱备，女性一般在下单前比男性要犹豫。做了7年交易并曾在印第安纳州当过小学老师的安妮·杨认为，女性更倾向于完美。"她们要做的时候，就要做得恰恰好。我现在看ES（迷你标普股指期货），有三条支持线正在形成。在我看来，男性更可能会先出手，在市场走到那里前就买多；女性更可能会等到市场恰恰运行到那里才出手。我的确认为女性在追求完美方面有点问题。"

杨补充说，过度分析的交易人，这也包括完美主义者，无论男女或许会考虑放弃日交易，开始进行长期交易会更成功。

女人有何特别之处？

分析欠缺还有另一个问题，我们的专家认为男性需要自省：指标太多、项目太多、什么都太多，说得好听点，这会让分析错综复杂。

Programtrading.com的创始人汉克·坎普谈到，交易（标普指数）的男性中大概有 90%"自己有电脑、有数据来源、有 CQG、有相对强弱指数指标和 MACD,但我还是要对他们说'看看你们这些家伙,交易了一年了,什么也没赚。'他们的回应却是'没错,我们有个新程序正在熟悉,回馈测试效果非常好。'相信我,我进行了 30 年的观察才会这么说。"

坎普说:"虽然我们用了 30 年时间设计进行买卖决策的电脑程序,但发现女性有些东西根本就无法电脑化,这么多年来,我就压根没琢磨透彻过,我将其称之为对市场的感觉,也就是直觉。男性总是直接去找公式,他们就没那种感觉。女性会走进交易室,看看图表说:'嗯,我觉得市场会是这样。'而男性不去感觉,世上就没有男性直觉这样东西,他们认为电脑的威力无穷,但不是这样。"

独树一帜的琳达·布拉福德·拉斯奇克认为性别对成功交易的影响很小(但她的确认为两者有些区别),男性和女性都有直觉。其他人认为男性只有努力更多地形象化思维,而不是满脑子只想着数字,也别搜罗各种指标,就能获得某种直觉。

"女性的确总是不那么看重数字,而是注重与她们产生共鸣的东西。"自 1998 年就全职做交易的琳达·拉姆认为:"男性的直觉更多是基于'今天我们在道指上涨了 140 点,那好吧,我们就跟进。'而女性则会坐着从其他所有角度判断。我们都应该记住,我们都会被过多的指标和信息淹没,一定要选择那些对你是真正重要的信息。"

Programtrading.com 的维特菲尔德补充说,很多男性天生就笃信机械系统,但"成功的女性会学习同样的机械系统,在机械系统失灵时,也会觉察出来细微差别和例外,而且想知道到底为什么失效。如果我能知道今天失效的原因,下次意外情况发生时,我就可能赚钱。"

男性和女性：我眼中的不同山姆·塞登

我做私人交易培训师多年来最深刻的认识，就是女性和男性在认识、分析和交易市场时的不同有多大。

我不会下一些惹人嫌的结论，根据我的经验，女性具有特殊的逻辑思维，这是她们在交易上的巨大优势。说白了，我的交易方法量化了供求和人类行为之间的关系，这种关系最终决定了任何市场的价格，这是根据一套非常可观和机械的标准进行的。换句话说，其目的就是学习这种方法，然后只遵守原则就行了。女性的头脑比男性头脑在这方面要容易接受得多。

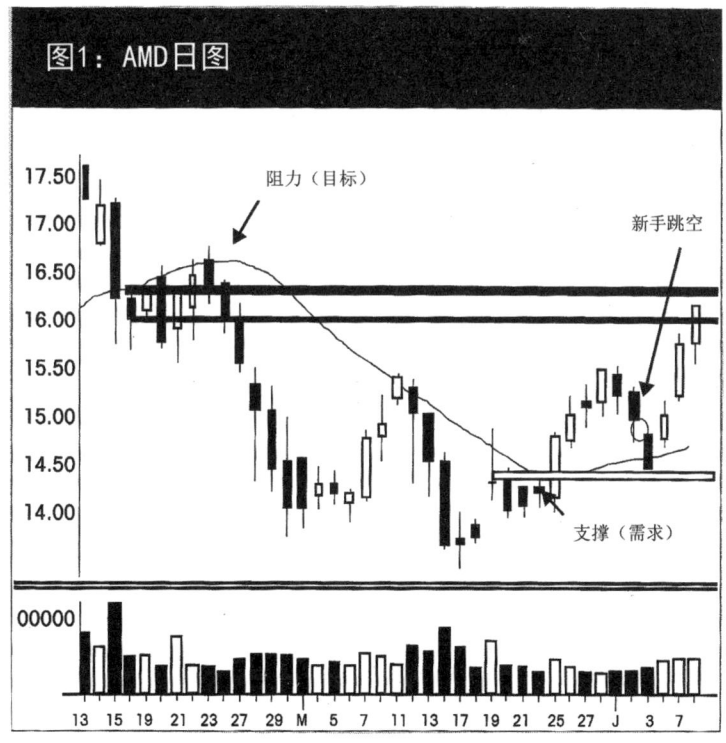

举个例子来说明一下怎么回事。下边的表格里是我给客户推荐的交易策略：根据预期的分析在某一价格买入 AMD。我的一位女性客户接受了交易，而且收效不错；而一位男性客户看了看，并没有买入。我找他们两个谈了谈，谈话绝对让你大跌眼镜。两双同样构造的眼睛，看着一模一样的图，清清楚楚知道该怎么做，怎么可能对交易机会的态度有这么大的不同呢？

为隐私起见，我们分别称他们为理性露丝和感性艾迪。

情况是这样的：AMD 已经跌到了支撑区（需求），也就是近期上涨的起点。艾迪很快就问我这个机会如何，而露丝却没问。艾迪还问我是否觉得这个支撑（需求）线撑得住，进而引发反转，还是价格会跌破支撑线？露丝从不会问有关交易机会的任何问题，她知道想着法预测未来是浪费时间，艾迪对此并不认同。但老实说，世上没人确定支撑线是否守得住。我们能做的只是恰当评估机会和风险。如果胜算很大，而且风险可以接受，我们就做这笔交易。

市场接近买入水平时，艾迪放弃了客观思维，转而感情用事，到今天他的决策仍然受感情控制。露丝保持理性和客观，不操心在支撑点会不会发生什么（没人控制得了），她向我解释了眼前就是一个高胜算、低风险交易机会的原因。她说，卖出者在多日下跌并接入支撑（需求）区后还在卖出，而这时一直盈利的交易人就会买入，而不是卖出。在达到她的买入点时，她就出手了，设置了低风险的止损和客观的目标，最终这笔交易的收益非常客观。而艾迪压根没有买入。

这个信息对我们有什么好处？我看有一点很清楚，女性一般不太担心无法控制的事情，因此会自然而然关注客观信息，这是成功交易的关键。在交易中，就是客观合理性的思维赚了主观情绪化思维的钱。

我发现思维差异在特定时期非常明显。如果出现了交易机会，该采取行动了，女性的思维往往自然而然地去执行已经计划好的交易。而在同一时刻，男性的思维会游离到主观和情绪化的思路上，这样会带来麻烦。看起来，在一般情况下，女性的头脑有快速理解所需的自然性逻辑思维，而男性的思维很难让事情简单，会自然地试图复杂化过程，不断增加主观指标和摆动指数就是一个例证，这只会给任何交易人带来麻烦。

我的女性客户和其他成功的男性客户的共同点，让我确信了对这一主题的看法。他们都有两个相同的特征：其一，他们认识到了人类情绪的威力，认为绝对、必须要遵守交易计划；其二，我共事过的男性成功交易人都有能力不让主观信息进入自己的脑子，在看交易书、参加研讨会和参加我这样的培训项目时，他们几乎像是有一个特殊的过滤过程，也就是说，男性成功交易人对使用工具很在行，而女性的大脑天生就具有这些工具。

根据我的经验，男性总是注重预测未来，而女性则是利用简单的逻辑一直做出正确的选择。她们有天生的能力保持事情客观、简单和具有逻辑性。而男性在这方面总是有些问题，做交易对他来说变得不必要地困难。交易之外的其他生活方面，男性和女性在抉择方面也无非如此。

虽然交易现在还主要由男性主导，但我预计在不远的将来会有改变，理由如下：一是入场障碍不是几年前那样了；二是根据我的经验，女性的思维在交易生涯上有可能比男性思维更长久，因为女性的思维更适合不断交易获利这种有挑战性的任务。

坚持交易计划

我中午前后给纽约的丹妮丝·阿科斯塔打电话约访谈时，她正在休假，电话里隐约听到孩子的吵闹声，她的孩子是三胞胎。阿科斯塔一早交易欧元期货，一到下午就交易 E-mini Russell 指数期货，而且刚刚开始在晚上交易恒生指数。有着这么丰富的生活，我不得不问问她坚持交易计划的重要性。

每天与阿科斯塔在在线交易室远距离共事的有男性也有女性，她认识的男性称自己有计划，但一般不遵守。"我的确是有个本，会把交易计划概要写下来；我还每天写日记，记录交易。男性更有可能违背自己的原则。"

"我不想让人听起来觉得像老古董，但可能女人就是更容易动感情。我认为男性有点不喜欢这一点，他们认为如果有个机械性系统，就应该有效。"阿科斯塔表示，"有交易计划的男性会说，'好了，这就是我的交易计划'，但半个小时后，他们所做的与计划中详细列出的内容完全相反。"

那在情绪方面呢？马克·里克斯称，他所认识的坚强的女性交易人都非常具有纪律性，情绪的稳定性很高。"在战争的白热化阶段，当损益不利，而交易所有的技术方面都显得强劲时，她们好像都能比男性更好地安然度过我们一些人一次次陷入的恐慌时期。这种情况我已经反反复复遇到过多次了。"

三本交易畅销书的作者托尼·特纳认为西方男性的意识认识完全不是这样，"他们不得不做正确的事。"对或错，他们就是这样被培养而成的。做对了你就是强人，做错了你就懦夫。"如果他们买入了 500 股微软股票，然后在鸡尾酒会上四处宣扬自己干了什么。结果第二天，微软的股票就开始下挫，男人很难向朋友承认交易不利。这样他就错了，虽然错误还没变成现实，但看起来当然如此。"

转一圈回来再看交易计划，特纳表示，"必须正确和害怕错误的思想跳进了男人的意识中，他们会说，'还会回来的，没关系，我不看股票了。我不会再遵守方案了，两天前我卖了股票，结果雨过天晴，价格摇扶直上，所以这种情况还会发生。'"很多时候情况并不如你所愿，方案则不见了踪影。

woodiescciclub.com 的巴布·马吉奥同意特纳的看法，"我教过的交易人有男有女，我会当他们的面把方案写下来，男性说什么你都知道，'好，我明白，我相信，这就是我的交易方案。'一个小时内这都没问题，然后就会走偏了。我发现女性一般都更有纪律性，更有自控性，在付诸行动之前会衡量要做的到底是什么。我认为男女在交易上的不同首先就能在此看出来。"

微型标普交易员安妮·杨也认同这一点。"可惜男性比女性更有倾向过度交易。有时他们会有一个好的入场点，但不会扩展起来，可能在低了几个基点后就退出了。我称其为紧张交易人。在'报复交易'中，为了把赔的赚回来，你开始过度交易……然后就要担心佣金了。任何时候只要你频繁进出场，就会产生很多佣金。"

"我认为男性在处理这些问题上比女性要难得多，可惜的是，社会期待男人养家糊口，成为家庭的荣耀。"杨说："我们这个社会已与这种观点进行了长期的斗争，但现在这种意识还很严重。"

只要觉得要用交易来养家糊口，就会有压力，如果还要支付抵押，那就在市场压力上更增加了一层。成为全职交易人意味着在入场前就要能够生活无忧、经济独立。

有像样的生活

追求交易和其他生活诉求的平衡，一般更多是女性的优势，而不是男性的优势。

"我发现女性在一天到头的忙碌后还能有个生活。"朗达·拉斯金表示，"没有生活的男性也应该有。我们可能会在桌子前坐很长时间，不吃饭，不去卫生间，除非有电话或到达价格目标或基点。另一方面，我们也会做上两个小时交易，然后停下来去沙滩消磨掉今天的时间。"

其他人特别是那些一会儿进入一会退出线上交易室的人，经常发现同样一群男性在早上6点上线，晚上10点也在，已经待了一天，这种做法不健康。"我们则会要么和孩子玩，要么出去和其他人在一起。而男性还是坐在电脑前调整系统。"拉斯金说。

有意思的是，或许也是可以预料到的，在家交易的家庭妇男或许已经平衡了市场和生活。安妮·杨称，"我有个要好的网友，是个居家父亲，交易做得非常好，而且平衡了所有事情。他妻子在外面工作，所以这样就可以，他学会了平衡，在交易之外的确有了生活。但我知道有些男性没有。"加油，当爸爸的，加油。

那么我们学到了什么？一方面，天平好像是偏向于女性，看起来优秀的女性一般更能平衡、更能身兼多职、坚守计划而不偏离、更少情绪化，以及对错误泰然自若。她们或许更多依靠直觉，享受的乐趣更多。那男性就相反吗？不，当然不是，但如果我没说错，男性就承认吧。另一方面，女性可能要意识到谨慎不总是好品质。市场不是完美的，完美也不是你能企及的目标。

伟大的交易人有男性也有女性，但琳达·拉姆有一点说得好，值得思考："如果从盈利率在 80%的交易人中找出一个男性和一个女性，我敢和你打赌这两个人的特长毫无相同之处。解决办法就是男性应该找个女性交易伙伴，女性应该找个男性交易伙伴。男女搭配的合作比单一性别合作要好。"实际上，汉克·坎普在聘用瑞塔·维特菲尔德时就是这么想的，从没后悔过。他说："男性都应该和女性合作交易，不会错的。"

盖尔·奥斯顿 30 多年来涉足衍生行业和商业房地产行业的高级营销、广告、企业交流岗位，以及服务的企业包括在芝加哥商品交易所、芝加哥交易所、美中商品交易所。她是《SFO》杂志的前执行编辑，负责发行了四十期杂志。本文首刊于 2004 年 8 月《SFO》。

第三部分　交易学

大多数的投资人毋庸提醒就知道，在沉迷于高风险的交易当中时，头脑不会总保持逻辑性，决策能力会打折。传统的经济学关注理论和理想条件下的理性结论，而行为金融学则侧重我们在现实世界做出的非理性决策。

这一较新的学科利用数据收集、科学调查和经济模型分析寻找经济决定的原因。行为金融学就是通过心理学家的眼睛来看经济，有助于了解行为金融学展示的更多形态，看清脑袋玩的把戏，避免潜在的自我毁灭情绪。

一般投资人的表现远远逊色于其所投资的市场。为什么会这样？不少投资人之所以赔钱是因为不了解自己，不知道其个人的心理特性如何影响市场决策。这一部分会探讨交易人常见的大致心理模式，比如控制情绪、管理风险和个人偏见的影响。

我们也知道集体对个人的作用因人而异，包括投资团体、交易伙伴、甚至某些交易方法的追随者。集体思维会影响你的盈亏总额，我们会提供一些评估诀窍。

无法控制的懊悔情绪有时是心理问题的最明显特征，我们用一些实用策略来明确、理解和管理懊悔情绪，这样才能成为高情商的投资人。

业内的顶级权证专家伯尼·谢弗会介绍群体心理的纠结，很有意思。知道正确应对投资人情绪会给你带来梦寐以求的先机。

第十三章　交易心理和行为金融学

迈克·埃尔文博士

交易和投资心理既是理论学科又是实践学科，可以用来保值和改善整体的业绩。交易心理运用了心理学的调研、方法和模式来应付交易人每天面对的挑战，其中包括认识和情绪上的偏见、压力控制，还提供了用做指南的学习模型。交易能力的综合模型（见图1）突出显示了交易人获得该能力所需的战术和战略行为的组成部分。如果交易人能了解和确定需要的各个技能，学习就很流畅。交易人应该努力树立可实现的目标，形成个人发展的里程碑。

作为交易人，我想知道如何以可理解和相关的方式提高自己的成绩。金融行为学的一种简单实用的定义是，研究个人群体如何在经济环境下行动；而交易心理则研究个人在不确定情况下如何行动。此外交易心理还提供单个交易人在遇到具体问题时应用的方法和技巧。很多经济和金融理论的基础都认为个人能够理性行动，并且在决策中能够考虑所有的已知信息。但是认知心理的经验调查显示事实并不是这样。在面对不确定情况时，我们在做决策和选择时，会一再出现不理智、反复无常和能力降低的现象。

"行为金融学"这一新学科探讨认知心理理论，试图理解并解释情绪和认知错误如何影响投资人和决策过程。一些经济学家认为，研究心理和其他社会学科会在很大程度上说明金融市场的效率，并解释很多股市异常现象、股市泡沫以及崩盘的原因。一些研究者认为这些韧性的缺陷有一贯性，可以预测，能够加以利用从而获利。

图 1：交易能力的综合模型

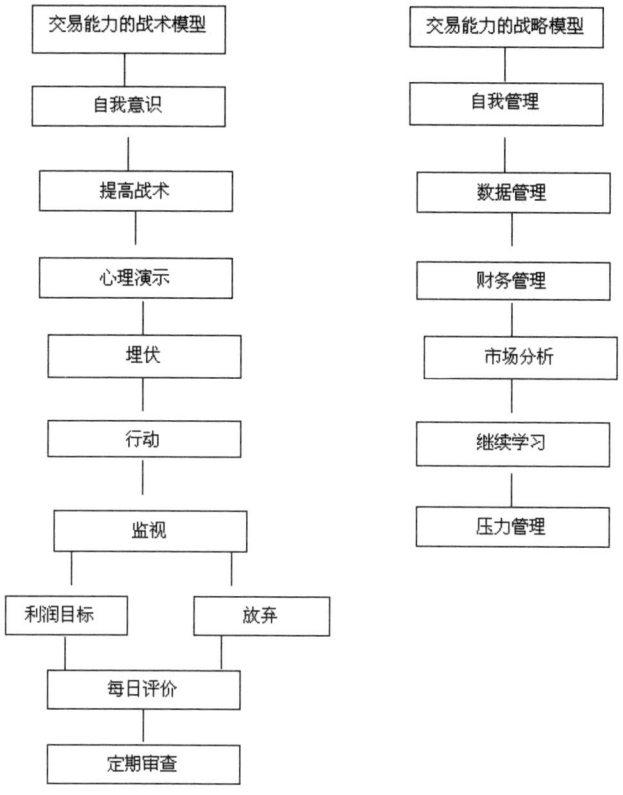

投机的艺术

臆断的英文词词根是拉丁文"speculatus"，意思是密切注意或观察。这种衍变意味着投资人必须追随正确的事实和并知晓与决策有关的认知和情绪陷阱。决策偏见往往就是指认知假象和视觉假象，而直觉推理的错误不是那么容易就能推翻的。

看看图 2 中的视觉假象，第二条水平线看起来比第一条长。你可能得拿尺子量了才会相信两条线一样长，但即使根据正确的量度，你还会觉得第二条线比另一条长。这个例子的教训很有用：不是知道了假象就能消除假象的。

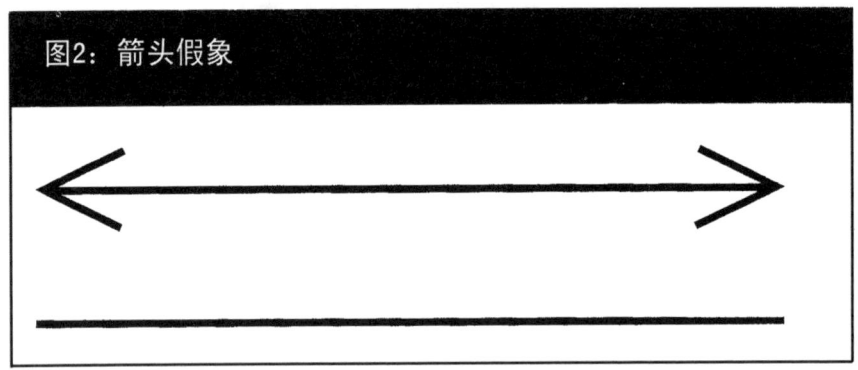

了解认知假象的目的在于提高认清条件的能力,在这些条件下会滋长偏见,需要批评和分析性的思维来支持直觉感受。作为投资人,我们在很多认知偏见面前不堪一击,而这些偏见会让我们误入迷途。我们每个人都有一种倾向,会向某些思维和认识偏见低头,可能不会向投资人同事和朋友倾诉太多。我们来分析一种常见的认知偏见,看看其如何影响我们对投资软件和培训课程的看法。

光环效应

如果谁有一种特别突出的优良品质,那别人在评估他的其他品质时,就很可能都高于真实的状况,例如漂亮的男女总会得到智商高、运动技能高、富有幽默感,等等的评价,实际上外表和这些品质八竿子打不着。漂亮和聪明之间只有微小的联系,但还不至于能得出上述结论。与之相反的效应就是恶魔效应,一个特别明显的低劣特征——如自私,会降低人们对他其他品质的评价,会被认为是没有实际那样的诚实和聪明。

虽然心理学家早在 75 年前就知道了光环效应,但对其的置若罔闻程度让人诧异。交易人很容易受到光环效应的影响,特别是在决定购买交易软件或课程以及开发交易风格时,这是最大的影响之一。推销交易课程的人看起来都是行家里手、外表光鲜、交际手腕和口才高超,而且给我们有熟悉感,让我们感觉亲近,想要靠近。这样的人对我们的影响比其他人要大。一个可信的外表对推销交易课程或软件非常重要,销售人员都用这一手。

一些著名的投资大家也会用光环效应力挺自己的理论和观点，无论这些理论正确与否。比如说，一些没接受过心理学正式培训的交易人，会编造一些逸闻趣事表现害怕和贪婪对个人的心理驱动力，有些人甚至变成了神经心理学专家，捏造有关大脑及其与交易联系的论断。此外，我还见到一些交易人举办研讨会时，心理测试也派上了用场，而他们根本不知道怎么理解测试结果，但他们很容易就说服听众，以行家自居，将自己的行为贴上金融行为学方法的标签。这些情况下的光环效应难以抵挡，舞台催眠师也是这一方面的高手。你们很多人都做过交易书里的心理测试，那有没有想过"这个测试是根据什么数据保证结果可靠有效呢？"交易人对需要投入时间和金钱的任何交易系统和方法都应该问问这个问题。

要小心假装名人或诺贝尔心理学得主的交易人。（实际上在经济心理学领域只有一位诺贝尔奖得主：2002年的丹尼尔·卡内曼。）警惕光环效应影响自己的认识。很多投资名人认识到他们的可信度由于没有心理学文凭而受到质疑，于是就将自己与较新的行为金融学挂上了钩，这个新学科受宠有很多充分的理由。但话说回来，一般情况下，更可信的是成为行为金融学专家的交易人，而不是心理学专家的交易人，特别是他或她没有任何正式文凭时。

别当盲从的绵羊！

我们现在来探讨一下从众心理学，以及我们的决定和认识如何会受到影响。交易人都知道一个人的行为总会与其所在的集体保持一致。但属于一个集体还有其他的影响，而且成员之间的互动很大程度上影响了对其他集体的态度和行为。作为个人有理由去认为，我们的态度会趋向于集体中其他人所持的中庸立场（回到不偏不倚）。但是调查显示，如果集体有一个主流意见，就会在成员中得到凸显。例如，一个交易团体信奉了艾略特波浪理论，就会觉得自己的技巧和方法比利用其他理论的团体高明得多。

已经很多实验被设计来分析投资团队的决策过程，其结果已经被多次重演和验证。实验评估了个人团体在购买股票时愿意承担的风险水平，分别给每个人单独的一个可接受的风险机率，然后让他们集体讨论风险，对可接受的风险机率达成合意，整个团体最后达成的机率会与个人手中的数字迥异。换句话说，集体达成的风险会比单人风险大。这种现象被称之为"风险转移"。

集体意见会比个人意见极端这种现象已经在不同条件下多次出现，发生的原因有几个。最重要的一个原因是集体的成员希望被集体看重，会压抑与集体态度和观点相反的意见，而且还准备走得更极端，因为我们知道在集体中就可以降低个人的责任。

调查还显示，投资团体会表现出极端乐观下的坚不可摧的假象。例如，他们会忽视不利的事实，对对手抱有成见。个人成员会打压集体中其他人的不同意见，而且每个人还把疑问闷在心里以示服从。此外，还有全体意见一致的假象，他们还会隐藏与集体观点不同的信息，以保护其他成员。实际上集体的领导在选择成员时，总会看中与其看法和态度最相配的报名者。因此，集体通过选择成员，可能在意见上就更极端了。我出席过无数的交易研讨会，这种现象很明显，而且我肯定很多读者也看到过类似情况。

陈规旧习：危险的陷阱

认为自己的团队或交易方法特别，但不认为其他团队或交易方法低人一等，持这种态度比较困难。如果不是不可能的话，对其他集体的偏见通常会同时形成成见。一些交易人在适应和学习新方法应对不断变化的市场条件时，表现得不灵活、效果不佳，其中有些原因归根到底就在于形成这些陈规旧习的同一力量上。陈规旧习存在的原因之一是方便，不用逐一评估每种情况；原因之二是我们总会关注支持我们意见的一切事物，而不太留意可能不支持我们意见的；原因之三是我们会注意另一个集体的行动，该行动因为比较少见，比大团体的行动更吸引眼球；原因之四是陈规旧习能自己形成；原因之五联系个人讨论光环效应时，就表现为具有某一优秀品质的人会被看成还具有其他相关素质，而实际上他并不具有。基于这些原因以及其他因素，带有偏见的成见就很普遍，且威力巨大，很难清除，找不到事实根据。

能够加入一个具有基本哲学、机率和交易方法的融洽交易人团体是件好事。很难既能特殊对待你的同事和老师，又能平等看待其他人。对那些在市场交易看法上与自己不同的人持有偏见，是没有事实根据的。也就是说，宣扬一种方法或一个交易团体的人，有可能是根据错误的认识体系，过早判断了交易人和其行为和方法。

知道自己的偏见

风险转移和光环效应偏见在我的《金融风险承担》（威立出版社，2004年）一书中有详述。行为金融学的挑战就是找出偏见机制，并向投资人提供学习模式。交易心理的挑战是让那些模式与各个投资人联系起来，并提供工具克服偏见对我们交易账户带来的破坏效应，其余就要靠我们自己了，因为我们要对自己的成败负责。最近我将自己的一个交易账户提高了256%，并有原则地提高了杠杆和仓位，但我有点分心，出现了一个失误，几周来的集中精力、努力和利润都白搭了，利润近乎为零，即使我的情绪控制得很好，但信心大受打击。可是我还有计划，我知道自己控制不了市场，能控制的只有自己。

迈克·埃尔文博士现居伦敦，著有《金融风险承担：交易心理和行为金融学概述》（威立出版社，2004年）。他曾从事调研心理学，并在纽约管理心理健康机构，现在则就职于期货交易所，也提供个人培训、举办研讨会，详情联系 m.elvin@blueyonder.co.uk。本文首刊于2006年7月的《SFO》。

第十四章　行为经济学：投资人究竟如何做决定

菲利帕·赫克尔

"在所有其他人卖出时买入，持有到其他人都买入的时候，这不仅仅是一个醒目的口号，还是成功投资的精髓。"

——约翰·保罗·盖蒂①

几百年前，人们在难做决策时会求助于巫师、祭司或占卜者；当今，电话黄页上几乎找不到占卜人，更别说巫师了，因此，明智的人不得不费尽心思去下决心。要感谢世界上至少成千上万最精深的金融人才用尽毕生的才华进行的分析，特别是在最近一百年来，一些成果已经发现了投资背后的力量，解释了市场的运作原理。这些睿智的人才共同确定了现代金融学的理论，给我们提供了投资组合管理的公式和原则，包括资产分配、多样化和调整资产组合。

我们先来看看个人投资者是个什么情况。美国金融服务市场调查公司DALBAR进行了一项研究，对普通投资人20年的实际回报和各个市场公布的回报做了比较，结果则惨不忍睹。普通投资人的业绩大大低于其投资市场的回报，甚至都不足以应付通货膨胀。

---

① 约翰·保罗·盖蒂：美国石油商人，1930年其父死时给了他50万美元，以后20年间他在股市和石油界不断拼搏，扩大自己的势力，1953年因在科威特边境打井成功，不到3年就积蓄10亿美元，成为美国首富，以后20年保持这种地位，直到阿拉伯国家把石油收归国有。译者注，资料来自互联网。

表1：投资人行为的数量化分析（AQIB）及年收益，1984年—2003年

	普通投资人	标普500	差异
股票	2.6%	12.2%	-78%
固定收入	4.2%	11.7%	-64%
通货膨胀	3.1%		

到手的回报没有落到口袋，这不是说不聪明，因为坦白地说，再聪明的人也会犯严重的投资错误。标普500从1984年到2000年25年间增长了16.3%，而门萨投资俱乐部（其成员严格局限于全球挂上号的知识分子中的顶尖几个）仅有不足2.5%的年回报率。

没能抓住回报对投资分析师的生活质量产生了巨大和深远的影响，改变了他们的生活选择、为孩子提供的教育质量以及留下的遗产。那到底是怎么回事呢？既然没人故意破坏他们的投资成果，那就肯定就是有其他因素的影响。

为什么投资人会错

新古典经济学要求投资人保持理智，才能应用投资原则获利。约40年前，由丹尼尔·卡内曼和阿莫斯·特沃斯基带领一群心理学家开始研究投资人在现实中而不是理论中的决策方式，他们的工作开启了行为经济学领域，并于2002年获得了诺贝尔奖。该学科从心理学家的角度来理解经济学，从科学上解释摧毁投资人业绩的一贯的、可预测的、因人类特有弱点而犯的非理性错误。

新古典经济模型解释了我们应该做什么，而行为金融学解释了投资人实际上做什么以及为什么做。行为金融学说明了一般投资人为什么会犯最基本性的投资错误：未能收取利润，未能有效抓住市场时机，未能利用机会获利，以及受到群体的影响；还解释了为什么一般投资人到头来只能倒霉地买高卖低，即使原来是想卖高买低。DALBAR的投资者行为数量分析（QAIB）验证了糟糕的投资结果是不良的投资行为造成的，而不是市场回报低造成的。

在理解这些具有破坏性的趋势时，投资人能有意识地改变自己的行为来极大提高投资成果，并改善生活质量。

盈利投资的基本要求是在市场进行周期运行时买低卖高，这些都是老生常谈了。但客观、理性的新古典学家在经济教科书中冷冰冰地描述的小事一桩，对现实中的人来说难于登天。毕竟，统计学家会说，一只手塞在冰桶里一只手伸进火炉子里，平均感觉舒适，但是我们人类又不是机器，是有感觉的。

价格变化了，无疑人的感情也会有多种变化。在处于投资周期中回报高于平均水平时，如果一笔投资的回报特别大，意气风发的投资人想要加仓，追逐让人目眩神迷、熠熠生辉的资产，这也完全是人之常情，钱总是让人兴奋，买高的诱惑是难以抵抗的。

如果是投资周期的低潮期，面对不断下挫的价格，我们隐藏在内心的求生本能就跳了出来。韦伯字典对风险的定义是损失或受伤的可能性，危险。我们作为人，天性就是避害，这种本性在我们祖先身上发挥得很好，但对一般投资者的投资结果却产生了灾难性的作用。在面对损失时，几千年来的基因程序输出了焦急、害怕和恐慌，淹没了我们，冲我们大喊退场、躲开、抛售、抛售、抛售。根据情绪和最近业绩做决策的投资者最终只有违反投资原则，葬送自己的成果。

这些情绪本能还会受到启发或心理捷径的加强，我们的大脑几百年来发展而来的本能用以迅速处理信息，加快决策。这些工具在生活的很多领域居功至伟，但在投资上却会发生短路。

典型性就是我们用来迅速给具有相同特征的事件和事物分类的心理捷径。的确，这在我们买车时可能有用，但在投资上这么做却很危险。表1中，典型性捷径暂时将在投资周期较好阶段的优异回报划分为产生好回报的投资类型的典型，将这类投资看做是好投资，并指示我们买入（高价）。暂时位于投资周期不佳表现阶段的投资属于产生不良结果的投资类型的典型。对于不好的投资，大脑就指示我们卖出（低价）。

最重要的是，大脑已经设计好了一套方便的记忆法则，迅速衡量可能的结果加快决策速度。多次重复就形成了强烈的心理联系，联系越强，就越容易想起来。在决定是否鼓励或放弃一个行为时，大脑会看看调动上一次结果的难易程度，如果能很快想起来就表明最近发生频率大，不容易想起来（不常发生）就很难再重复。但是历历在目的痛苦事件（市场突然重挫、炸弹爆炸、曾经拮据的经济状况）会立即形成非常牢固的记忆，同样会容易想起来，就像频繁事件一样。

结果可能会比实际上更可怕，这也说明了为什么度假者在电影《大白鲨》放映后不去海边了，为什么"非典"的威胁使香港经济发展减速直至停滞，为什么大多数投资者在连续三年的艰难熊市后，无法坚定不移地入市持仓了。

凭借积极的经历冒险

但是，短路在积极事情上也很普遍。我们的大脑已经进化成了一种非常协调的形态查询能力，只需要重复两次结果，大脑就开始推算形态。这就是为什么赌徒的脑袋里活蹦乱跳的都是最近的胜利时，总是会下大赌注的原因，因为他们觉得手气好。这也说明了为什么投资人在市场上涨时，直觉上会更乐观更愿意买入。例如，研究显示，近90%的日本投资者在日本市场处于最高值时还预计会再上涨（《华尔街日报》，1997年6月13日）。

表现优异的投资显然会受到关注，但投资者一般会等到表现优异的证据出现，才会勇往直前买入（高价）。但是，因为投资是周期运动，衰退定律表明，最近优于平均水平的表现难免会退回正常，价格会降低。一旦你认定任一资产上的极高或极低回报会继续，胜算的可能性总是很小。

以1999年的投资者为例，为了追求一夜暴富，他们把2000亿美元一举投入到科技和互联网股票上，然后2000年纳斯达克跌入深渊；投资者兴高采烈地将几十亿资金投入风生水起的新兴市场基金中，到了20世纪90年代中期，市场分崩瓦解。

投资人纷纷投身于越来越贵的小型公司增长中，到了1997年市场崩盘。公司和新兴市场债券最近增长迅猛，因此投资咨询师接到大量新投资人的电话，眼馋炫目的回报而要买入债券。这是典型的欣慰冲动，应该引起投资者警觉。毕竟，没赶上市场表现好的时候，除非有时间机器去重来一次，投资绝不会这么来。利润率处于历史低位（至少有一段时间是这样），而且债券收益到了2003年中的历史低点，对持有债券的人来说，这可是危机四伏了。

反之，模式信奉者总是先推算一下可怜的回报在未来的情形，然后很消极地希望自己能逃离撞上的这次下跌趋势——卖低或直接不投资了。这种思想会继续混乱下去，因为逃避损失的想法加重了在低价位离场的冲动。更糟的是，惊慌失措的投资人经常不得不抛弃低投资，转而投向让人激动和兴高采烈的投资，即使盈利投资的基本要求是随着市场在进行完美的自然周期运行时买低卖高。

情绪化的投资者无意识地利用了心理捷径，陷入了心痛的亏损循环中：疯狂抛弃未能施展拳脚的资产（过早逃离市场周期）、迟迟未能实现去年的回报（介入趋于成熟的循环太迟）以及紧张的预防还看不见影子的风险（在市场下跌时未能抓住盈利机会）。

专业预测人也同样易受到短路的影响。威廉姆·谢尔登在其杰作《预测业神话》（威立出版社，2001年）中，分析了1970年到1995年名列前茅的经济调查，发现在48个预测经济重大转型的预言中，有46%是错误的。

另眼看投资

成功投资的原则（资产分配、多样化和调整资产组合）都是非常有效的。长久的金融成功需要在不同周期上运行多样化组合，包括股票、债券、现金和其他资产类别。而且为了盈利，就需要买入价低而不被热捧的资产然后能在追捧中高价卖出，这里没有捷径可走。

买低就需要顶着众口一词的负面评价，买入不被看好的资产；卖高就意味着以高价卖出被众人积极看好的香饽饽。为了让自己在重要时期（如你的一辈子）持续赢利，就需要有系统地、长期地调整资产组合的程序，一直能卖出热捧投资，同时买入那些目前受冷落的投资对象、有条理地建仓，然后盈利卖出。但这一过程需要投资人保持理性。

DALBAR的AQIB验证了普通投资人会屈从于情绪上和心理上的短路，最终无意间违背这些原则。追逐为时已晚的业绩是非理性的，但完全是人性的祸端，违反了现代金融学的教义。行为金融学是理解投资人为什么、以及更重要的是何时可能偏离成功实施投资策略的理性远景的关键。利用行为金融学的课程理解投资人心理，我们会认识到我们何时可能偏离被证实的原则；有了这种认识，我们就能开始有效地调整并控制我们的行为，然后极大提高投资成果。认识了有破坏性的人类趋势，就能加以改正。

我们见过的行为金融学中的许多异常现象都源于信息形成的方式，我们在决策前先观察和解释信息。理性投资者被要求不止能如此，或者说能根据整个财富的有效效应进行经济决策，但行为金融学显示，投资人总是习惯于先根据他们所处的特定投资周期中的买入价格衡量出损益，然后进行买卖决定，这就形成了典型做法，是卖低买高的主要动因。

知道了这一点，投资专家需要帮助其客户以新的眼光看评估期投资组合，注重投资权重有助于投资人在无关联的市场周期上合理分化。修订相对投资权重（而不是周期收益或损失），就能促使做出理性的调整资金组合决定，从而有体系地从正在成熟的市场获利（卖高），并镇定地在周期低潮期买入（买低）。这不仅仅会一直抓住市场周期，极大降低波动性，还会让投资者在投资周期运行时从情绪过山车中解放出来。

重塑信息、用行为金融学教导客户、在不可避免的非理性时期提供培训，有助于投资者有意识地避免行为错误，并最终转化为巨大的财富、平静的心理以及对投资决策的理性自信。

菲利帕·赫克尔是菲利帕·赫克尔集团的创始人兼CEO，该公司位于香港，是顶尖的投资咨询公司。赫克尔的观点和文章时常出现在地区和国际媒体上，如《英国星期日泰晤士报》、美国消费者新闻与商业频道以及《亚洲华尔街日报》。她还给《透视》投稿，这是一家在40个国家拥有5000多名读者的线上杂志。该集团成功将古典经济学方法融入行为金融学的原则中，公司高度个性化的服务指导每个高净值客户获得稳健和持续的回报。本文首刊于2004年7月的《SFO》。

第十五章　别成了山顶洞人：
控制天性，成为理性投资者

凯尔·汉德利

复杂的金融世界在一百年间发展飞快，而人类的大脑构造在过去几百万年间、在差异巨大的不同自然力选择下才缓慢的出现。

上古人类的生活只是打猎、采集食物以及防止被吃掉。到现在人类还被其原始祖先的神经生物构造控制着情感，无论效果好坏。既然文明已经走过了 12 000 年的时间，现代人与老古董的山顶洞人有什么差别？抓一个旧石器时代的山顶洞人放到现在，他可不会有好日子过。

经济理论和行为模型确立的前提是根据完备信息进行理性决策。与山顶洞人的情形不同，模型运用了现代金融的所有构成要素和陷阱，这个理性人有如下特征：功利主义、不会受认知错误的迷惑、绝佳的自控力、时刻规避风险且没有遗憾、还可以在决策前处理所有已知的信息，不受感情影响，这种假设看起来完美无缺，但在实际投资者面前土崩瓦解。

理性人何处寻？

投资者的行为并非一直都能遵从模型，甚至会为市场波动助纣为虐。投资人的情绪会从 20 世纪 90 年代后期的贪婪转变为 2000 年—2002 年熊市的恐惧，也可能前一天毫无理由地兴致勃勃，第二天就不明所以地消极悲观。

那么理性人真的存在吗？一般共同基金投资者的成绩实际上触目惊心。金融服务调查公司 DALBAR 研究了 1984 年到 2003 年期间的普通共同基金投资者的行为，根据其 2003 年的报告，在这 19 年间，一般投资者的

第三部分 交易学

年回报率是微不足道的 2.57%，通货膨胀率是 3.4%，标普 500 指数的同期回报是 12.22%。

报告最后说："投资回报在很大程度上取决于投资者行为而非基金的表现。"大多数投资者持有资产共同基金的时间只有两年多一点；由于应付新闻、情绪和错误推理，一般投资者错失了 20 世纪最大的牛市。对人类行为和不确定情况下的决策进行的研究表明，投资者是自己最大的敌人。受过培训，知识丰富，懂得资产分配多样化和现代投资组合理论的人还会做出糟糕透顶的决策。

即使手头有这些工具和信息可用，为什么一些投资者还会做出糟糕的选择呢？首先，简单的求生本能促使人类避险。大脑的情绪控制中心会人工推翻其他的理性行动过程。隐约听到像是熊叫的声音，远足者本能地就会很快跑开，求生的本能不会给大脑评估其他可能性的时间："这是头熊，还是棵树倒了，还是只鸟抑或是另一个远足者？"等到他想出答案来，可能就死翘翘了，认为声音就是一只熊的这种夸大估计是有利的。

在金融界，很多投资者等不及知道前因后果就离（市场意义上的）熊远远的。人类大脑有快速而可恶的捷径，用以快速做出复杂的决定；在行为金融界，这就叫做"启发式偏见"。受恐惧这样的情绪驱动，这些捷径可以是上述远足者的救命草，或是投资人的致死毒药。

投资人应该了解和防范其糟糕的行动趋势。没有哪个投资者——除了上述的理性人，会从来不犯任何错误。

启发法：决策捷径

最常见的偏见是"可获得性启发"。投资者会根据想起来的难易程度判断一个已知事件的可能性。换种说法就是，交易人受到画面鲜活的最近事件或对手头问题产生作用大小的影响，因此新闻媒体总是把好消息或坏消息放在头版是一个主要因素就说得通了，大脑会从现成的信息中取样。

事后想想，就能容易想到出股票在 2002 年继续走低，或是在 1999 年年初一直上涨。这种偏见会让投资人和普通大众在对可能性估计时犯非常低级的错误。想想下面的场景，然后估计一下可能性：

●债市出现大规模抛售，价格一天内下跌超过5%；

●联邦储蓄银行上调利率，触发债市抛售，价格一天内就下跌超过5%。

不少投资者错误地估计，联邦利率提高比其他任何原因更有可能促使债市抛售。整体的抛售比较抽象，但利率变化影响市场这个具体事件是最近的，而且一直在大众媒体上分析。结果，投资者过高估计了一个具体的能想起来的事件的可能性。

有一个相关的偏见是"代表性启发式"，这种倾向促使投资者根据一个事件在更广的分类和过程中的所具有的代表性大小，预计市场事件的可能性。看到市场连续几天下跌，投资人会推断市场还可能继续下跌，因为股票下跌是市场下行的代表，所以投资者就认为这种情况非常有可能持续。

但这些有限的日常观察在整体看来很可能没有什么意义。价格下跌只是下行的现象，不一定表示整体疲软，以小见大意味着"相信少数派"，这种偏见可能对在一万年前打猎采集的小社会中求生会非常有用，今天在恰当条件下仍然也有些用处，但离了这些条件，投资人仅借零星信息就得出普遍法则，会非常危险。

那如果把山顶洞人引荐给市场会怎么样？史前的本能绝对会导致市场错误的行为偏见，如果这些偏见没有触及钱袋子，向DALBAR的数据所显示的那样，当然可以博得一笑。下面就要讲讲非常常见的行为失误和偏见，看你知道哪些。

跟踪获利交易，抓住市场时机

尽管有大量证明表明市场时机的重要性不比投资的纪律性那么大，特别是在除去交易费用和税费后，但许多投资人仍然继续投身于这个代价高昂的游戏。每个共同基金的招股书都包含这样的提醒："过去的业绩并不代表未来的成果"，但投资人还是争相追逐热门共同基金和股票，甚至是最明智的投资人也会根据仅仅一年的不良回报而卖出投资，他们觉得除了自己，其他人都在赚钱，因此会不顾潜在损失而纷纷投入风险极大的投资。

投资人会根据投资回报在众说纷纭中判断出趋势，如果确信他能根据这条信息赚钱，大笔资金就会押出去赌一把结果。想一想抛硬币的正反面排列顺序，哪个排序可能性更高，（1）正—反—反—正—反—正；（2）正—正—正—反—反—反？大多数测试结果会显示（1），但两种结果可能发生的概率相同。

大多数人无法相信随机过程会产生像形态一样的顺序（2），就有可能随后根据其他的随机事件进行重大决策。就像赌徒确信能够预测轮盘赌的指针下一次会停在哪一样，投资人会看到完全随机的过程会产生模式。

媒体和财经评论员时常会鼓励这种失误。1992年，《今日美国》引用了《杰瑞喜欢分析》通讯，声称"三个峰值和一个圆顶屋形态在两百年来预测了市场的每一次大型下跌，从没有错过一次。"这句话错了不说，还是一个从有限信息得出太多内容的典型例子。媒体报道这些耸人听闻的预测，完全相信了这些错误逻辑，在大量栏目和时间宣扬专家的骇人理论和预测。这些信息没有一点能让投资人在周一早上的交易有点好转，反倒是增强了不良行为，我自己在市场评论中就尽量不做预测。虽然我尽量评论得有趣和好玩，但建议基本上都是枯燥无聊的，成功投资的过程看起来并不会让你心潮澎湃。

偏向本土公司

可获得性偏见也解释了投资者偏爱投资本国公司的原因。研究者发现，欧洲人和美国人都重仓持有地区板块。想想这种情况，双方可能都不对！谨慎的投资原则需要合理的多样化投资组合。即使如此，不少交易人和投资人认为不仅美国公司，而且老家所在州的股票和共同基金公司更好。

这种偏见夹杂了退休投资传奇人物彼得·林奇经常重复的准则："买你知道的公司"，话虽然说得明白，但仅仅因为投资者看到很多消费者购买汰渍，并不意味着宝洁股票就要坐火箭了。

对自己的能力过度自信

如果认为自己聪明得不会犯这些错误,就要小心自信过头了。调查显示,大多数的投资经理人认为自己高于普通水平,这在统计上来说不可能。基金跟踪公司晨星的数据证实,大多数经理人的确一般般。如果他认为自己不比同龄人强,就不会干这一行。但投资人怎么就认为自己在选股方面比那些同样能够获取相同信息源的其他人强呢?更有甚者,投资人怎么能在可怜的业绩面前,还能对自己的能力自信满满?

媒体对业绩明星的报道会增强过度自信。CNBC上几乎每天都有一个有辉煌业绩的经理人晃来晃去,很难不去相信这种先知真的存在,但成功基金经理人的出现和随后的"死亡"与统计预期完全一致。

尼古拉斯·塔利布在其著作《随机致富的傻瓜》(诺顿及其合伙人联合公司,2001年)中演绎了以下示例。假设有10 000名投资经理,给他们每人一枚硬币来抛正反面,正面表示他们战胜了市场;反面则是他们丢了投资灰溜溜地退场。根据统计数据,大约5000人会坚持到第二轮,2500人坚持到第三轮,以此类推。

最后有312名经理——10 000×(1/2)^5——会有五年的不败纪录,会被所有的大型金融出版商和媒体采访。10年后,只有约10名经理人还能战胜市场,他们会被誉为下一个沃伦·巴菲特或彼得·林奇,投资人会前呼后拥地模仿他们的成功。但打住,他们的幸运只不过是连续10次抛出了正面,取样仅仅是10,000名经理人,数目等同于晨星共同基金数据库中的基金数量,或许他们的技术还没那么高。

这个例子有点啰唆,但绝对精彩,说明了幸存者偏差。投资者借助媒体头条了解投资业绩时,他们只看到了幸存者,但更重要的是要看看牺牲者。无视牺牲者而只想争取幸存者的战绩时,投资者可能会尸骨无存。

"我一直就知道"(事后诸葛亮偏见)

伴随过度自信和幸存者偏差的还有一个古老的谚语:事后诸葛亮。投资者的错误方式事后看起来非常明显,过高估计了已知的信息。事后看起来，显然科技股有泡沫，但投资者被喜悦冲昏了头脑，等觉察到不对劲时已经为时过晚了。

躲过科技股毁灭的投资人可能过高估计了自己预测下一次泡沫的能力，刚好在崩盘之前卖出，即使是中枪的投资者也会想："我早就知道了。"从而重拾自信，自己不会再犯错。后见之明是顺手拈来的，聊以宽慰受伤的自尊心。损失和盈利不佳预测被归因为随机事件，没人可以预见得到；收益和正确的预言归根到底是超级的知识和能力。

看重损失甚于收益

一般投资者对于同数额的收益和损失并不一视同仁。损失1000美元的消极反应比收获1000美元的积极反应要强烈得多。原因很简单，损失更具有杀伤力，投资者对于潜在损失的忧虑大于对潜在盈利的兴奋，这种启发被称为"风险感受"。金融上的风险就是不稳定性和标准偏差，而大脑则关注损失和不确定性带来的抽象情绪。

巨额彩票的盛行对此提供了一些解释。从来不玩彩票的人在奖金增大时会买上一张，赢得巨额资金的感觉和盛况压过了微不足道的彩票钱和希望渺茫的中奖率。

反之，无法全局考虑的投资人不会形成整体的财务节省计划，憧憬有保障的退休生活现在还显得无关、抽象、遥远。投资人可不愿意想象到了70岁一无所有，而仅仅依靠一张张社保账单过活，因为这笔支出是长期且抽象的，而每月存100美元看起来更像是一笔随时要付的短期损失。

"风险感觉"可以导致过度看重损失的倾向，投资者死盯着不良的投资表现而忽视了整个投资组合。将资金进行不同的几个分类称心理账户，一般会造成支离破碎，违背投资组合管理，而在投资组合管理中投资者有分别的账户，分为"玩票资金"和更严肃的"退休资金"。更糟的情况甚至是，他们会进行高额负债，但还有其他的足额经常账户加以清偿。这种划分会让启发式偏差从一笔投资延续到另一笔投资。

死守且拒绝摆脱麻烦

无论结果如何,人类依然在感情上受到远古祖先的神经生理构造影响。投资人必须警惕死守无关紧要、主观武断的细枝末节。一些急躁的投资人买卖太频繁,而另一些则死守盈亏不放。投资组合如果瞄准了投资人无法控制的变量,那就会犯错误。

投资人不知不觉就会在股票52周的高点47美元时买入,可能不到47美元不卖出,即使从价格上看不到未来的表现如何。一旦投资者抱定了这种细节,所有的决策都可能受其影响。例子不胜枚举,甚至有投资人将重要的投资组合决定压在了控制白宫的政治团体身上。

死守还会被后悔厌恶雪上加霜。没人愿意承认自己的错误,卖出表现不佳的投资就好像是受到惩罚,持有的话,投资人的错误看起来还没有成为现实。"不跌不抛"的经验法则往往毫无道理可言,其仅适用于已经具有了高度分散化的投资组合。后悔厌恶也会造成持有盈利交易时间过长,因为投资者不想看到卖了之后交易继续增值。任利润增长这种建议是给这一偏见火上浇油,会让整个投资组合的理性框架土崩瓦解。无论输赢,投资决策必须独立于自尊心和情绪。

向理性人努力

认识到这些错误和其原因,就应该坚定有纪律性的投资人的决定,控制情绪是获得投资成功的关键。每天市场上都会上演很多变化,从大处着眼,一天中多数的运动和信息对长期投资结果没有丝毫作用。

投资者应该避免急匆匆在一分钟内就做出决定。股市每天开市六个半小时,如果每分钟都要看一次价格,那投资者就会发现自己的心情和情绪一天之内可以变上390次,一年之内可以变上10万多次。每小时监测一次仍然会在一天内着急6次,一年大约就是1700次;超过一季度监测一次,并进行重大改变,投资者的风险就在于会创造一个行为偏见和非理性决策滋生的环境。每年对有纪律性的投资策略进行一次例行且深思熟虑的重审,那心灵会在一年内都获得平静,至少要这样才不会不舒服。

凯尔·汉德利 7 年多来一直向个人提供投资和退休计划咨询。他目前是投资咨询公司 McSherry Anderson 公司（www.maportfolis.com）的咨询师和财经记者，该公司向个人和公司退休计划提供投资组合管理和财务规划服务。凯尔目前是马里兰大学经济学专业的博士生，拥有伦敦经济学院的硕士学位。本文首刊于 2004 年 10 月的《SFO》。

第十六章　本会、本能、本该：
管理后悔情绪，提高投资效益

埃利奥特·布伦纳博士

"当一扇门关了的时候，另一扇门就会打开；但我们往往懊悔万分地久久凝视那扇关上的门，而看不到为我们打开的门。"

——亚历山大·格拉汉姆·贝尔①

成功投资人和交易人知道后悔的痛苦，他们看着关闭的门，或许希望自己在1993年就买了戴尔的股票，或者在2000年4月就卖空纳斯达克。后悔是一种心理痛苦，在你认识到自己能够另有他选，却偏偏做了一个错误决定时就会出现。情商高的投资人知道，盯着关闭的门那么长时间如果是从错误中有所领悟，才是有所收获。

认出、了解和管理后悔情绪是成为高情商投资人的核心。高情商包括四种能力：

1. 分辨出自己和他人的情绪；
2. 运用情绪指导目前的思路并解决问题；

---

①　亚历山大·格拉汉姆·贝尔（1847—1942）美国发明家和企业家。他发明了世界上第一台可用的电话机，创建了贝尔电话公司，被世界誉为"电话之父"。此外，他还制造了助听器；改进了爱迪生发明的留声机；他对聋哑语的发明贡献甚大；他写的文章和小册子超过100篇。从1875年到1922年间，他从美国政府那里就取得了30项专利权。不仅如此，他的研究思想涉及空调（实际上他在自己屋里就搞了原始的空调系统）、水翼船及信息磁存概念（该概念导致生前从未见到的创新发明——电脑）等。译者注。

3. 明白情绪如何随着时间融合和变化；
4. 管理情绪实现目标。

从痛苦中学习

投资人可以增强这些能力以提高自己的利润并增加投资带来的愉悦感。要了解成功的投资者如何运用这四种能力，来看看丽萨——一个不断奋斗的投资人所处的困境：

丽萨买入价值 30 000 美元的股票时，预计会大捞一把，由于对此非常看好就一次性全部买了股票。买入后不久，股票开始下跌。她的仓位现在大约只有买入价格的一半。丽萨的希望和乐观现在变成了后悔和痛苦。

丽萨知道自己后悔了，也就显示了四种情商能力的第一种——分辨出自己和他人的情绪；还展示了第三种情商能力——明白情绪如何随时间变化的能力。丽萨知道自己的希望和乐观是怎么变为痛苦和后悔的，她已经眼看着投资价值不断缩水。

高情商投资者会通过快乐和痛苦情绪回想起过去投资成功和错误的感觉，从而知道未来的投资决策。丽萨为未来做决定时，她就可能回想起最近投资给她的后悔感觉。情商高的投资人有意想起过去的快乐和痛苦，提醒他们要用有效的投资和情绪管理策略。丽萨可以用几个不同的策略管理后悔情绪，这些策略都是在行为经济学领域得到科学调查证实的，该学科研究社会和情绪因素如何影响经济决策。

管理后悔情绪的策略

断绝损失。调查显示，投资者因为一定量的损失而体会到的痛苦和后悔，远比同等数量的收益所带来的快乐要强烈的多。因此，保护自己不受损失本身就有好处。

交易和投资准则："减少损失而任利润增长"是很多投资和风险管理模型的综合。例如，《投资者商业日报》的创始人威廉姆·奥尼尔敦促投资者在价格下跌了买入价的 8%~10% 时就清仓。丽萨必须让目前价格翻倍，才能实现投资平衡。为了避免日后后悔，她本来能在损失 10% 的时候止损，那样的话，就是损失 3 000 美元而不是 15 000 美元。

金字塔式布仓。行为金融学调查者发现，投资者用退休资金按购入证券的美元价格平均计算法（定期买入）购买共同基金，比大笔买入时后悔的机会少。同样，一次性买空或卖空全部仓位而不是按比例分批操作的投资者，在时机错过时，有更大机会自责和后悔。为了让后悔的可能性最小，在市场向有利方向运行时再提高持仓规模是有利的做法。

获取部分利润。分批出仓，在持仓价值接近价格目标时获取部分利润，是另一种减少后悔的方法。让一部分钱落袋为安提高了锁定整个持仓盈利的可能性，以防市场反向运行。在所有或部分仓位上进行跟踪止损，如果投资向盈利方向运动，就根据目前价格调整止损，也是一种管理后悔情绪提高锁定利润可能性的方法。

警惕后见之明偏见。人们易于出现后悔情绪的一个原因是，他们将过去的事情看得更鲜明，而实际上不至于要如此，行为金融学研究员将这种现象称为"后见之明偏见"。市场泡沫回头看起来会更明显，例如，事后看来，很容易明白 2000 年的互联网和通讯股票估值过高。

管理后见之明偏差和后悔情绪的一个方法就是学会原谅自己，承认哪个投资人都不可能预知未来。情商高的投资人尽量利用有限的信息做出复杂的财经决策，并在犯错的时候原谅自己。

别为预防情绪花大价钱。投资者有时逃避、不想做决策，因为他们预计如果错了的话会后悔。如果有第二次机会在更高价格投资，甚至该投资仍然是一笔划算的买卖时，戒备心理尤其突出。想想下面的场景：

詹姆士有机会买入一家小型生物科技公司的股票，但决定不买，因为他不确定该公司的药物渠道。一年后，詹姆士对该公司做了大量调查，认为药物销售实际上非常有希望，但那时，公司的股价已经翻了一倍，虽然公司看起来比过去还要前途无量，但詹姆士不会让自己支付一年前两倍的价钱。

詹姆士因为价格翻倍不愿意买入年轻的生物科技公司，表明一些投资人否定好投资机会是因为预计到如果买得过高就会后悔。现实中，投资人低估了自己处理痛苦情绪——包括后悔的能力。这样的话，他们就为不必要的情绪保险买了单。如果仍然是便宜货，那就买。如果投资变得不利，你总还可以用金字塔式交易法和止损来管理后悔情绪。

承担责任。人们让专家来管理自己资金的一个原因是，这样的话，如果有错误，他们就没么强的后悔情绪，因为这笔账算到别人头上了。实际上，一些行为金融学研究者建议，一些基金和大学雇佣外部资金经理人、而不是自己管理资金的一个原因就是，如果捐助款运行不佳，这些机构能找人顶包。鉴于大多数的外部资金经理人根本没有实现各自的市场基准，捐助款为这些外部经理人支付了高额的佣金来控制自己的后悔情绪。

自己管理资金的投资人在出错时除了自己谁也不能怨。在自认为最好的投资回报通常是与众人反向操作时，这种感觉特别让人气馁，特立独行者必须有勇气与大家背道而驰，并且在认识错误时，接受责备和承认后悔。

做自己。当你偏离了自己的独特见解而进行投资决策，而且情况后来变得不妙时，你也会觉得后悔。这种偏离越厉害，你就越后悔。

如果投资新手曾经把自己的投资组合委托给投资顾问，然后自己开始进行投资决策时特别容易后悔，因为他们偏离了让其他人管理自己资金的习惯。投资新手在事情不如意时应该准备体验一下失败，并且要放自己一马。逐渐承担投资责任，也能降低后悔发生的可能性。如果新手的第一笔投资数额巨大，但结果很差，那他就会非常后悔，以致会有摧毁将来投资信心的危险。

向不完美看齐。以实现稳定以及巨额回报为目标的投资人比那些完美主义者可能会有更少的后悔经历。情商高的投资者知道不必所有的交易都赚钱。因为市场反应的是人的集体行动，而人天性就是会犯错的，所以市场本身就不是完美的。因此只要努力保持稳定而不是实现完美，就有可能减少后悔机会，并且提高投资人对业绩的满足感。

敞开大门迎接投资胜利。尽管后悔是痛苦的情绪，但每次后悔发生的时候都是投资人学习的时候。成功的投资人学会用其过去的后悔事，提醒自己使用有效的情绪管理策略。情商高的投资人不会沉溺于后悔中，他们会把市场当做不断胜利的机会。情商高的投资者就像亚历山大·格拉汉姆·贝尔一样,知道一扇门关上的时候,另一扇门就会打开。

埃利奥特·布伦纳博士,执照临床心理学家,就情商在金融杂志和心理学期刊上发表过文章。他现在在康涅狄格州的费尔菲尔德开展私人业务,培训并向交易人提供咨询。可以通过 eliot.brenner@sbcglobal.net 联系他。本文首刊于 2007 年 2 月的《SFO》。

第十七章 优先原则：情商和小投资者

迈克·埃尔文博士

为什么全职进行市场交易的90%的投资人，即使在运用了声称准确率达到70%的系统后，也未能获得充分的回报？原因或许在于投资者并未认识到优先原则的重要性。

优先原则认为你是交易状况中最重要的变量。这个你不仅仅是对技术和基本面分析的冷静判断者，还是带有人类所有小缺点、希望和抱负的能思考、有感觉并会感知的生物。大多数投资人之所以赔钱只因为不了解市场或自己，交易没有方法、策略或纪律。他们被强烈的情感控制，冲动行事，其行为更像是赌博，而不是真正的理解；他们屈从于认识偏见，从而造成错误的结论和不当的行为。

大多数交易人注重方法

在解决优先原则时，关键是接受广泛的培训课程，但大多数投资人更喜欢技术分析课程——注重方法，而忽视了资金管理和心理变化过程。迅速浏览一下现在流行的所有课程，就可以证实这一点。

投资者偏爱学习技术或基本面技术分析，而牺牲掉其他重要方面，这不是什么新鲜事。在20世纪初，埃德文·拉斐尔所著《股票大作手回忆录》（1923年）中的传奇人物杰西·利弗莫尔认为，同行们高估了图表的价值。甚至像威廉·江恩和理查德·D·威科夫这样的杰出技术分析师都提倡方法的发展、纪律的应用和资金管理的重要性。就算是具备了这些认识，找出导致自寻死路行为的心理因素，对投资人来说仍然是一项足以让人望而生畏的任务。

> **表1：情商的范畴和相关能力**
>
> **自我意识**
>
> - 对情绪的自我意识：了解自己的情绪，并知道其影响；用直觉引导做出决定。
> - 正确的自我评价：知道自己的长短处。
> - 自信：自尊和自信的正确感觉。
>
> **自我管理**
>
> - 自我控制情绪：控制破坏性情绪和冲动。
> - 透明度：表现出诚实和正直，值得信赖。
> - 适应能力：灵活适应不断改变的环境或随机应变克服困难。
> - 成就感：提高表现以达到内心优秀标准的动力。
> - 直觉：时刻准备着行动起来抓住机会。

心理学家还有啰唆的？

一些人认为情商在提高投资技巧上无关紧要，但正是表1中列出的那些个人因素在四面楚歌时会支持、鼓舞和激发投资人。情商和常说的智商对投资人同样重要。想想曾经在学校的时候，总有几个学生好像总能得A和B，而同样有几个学生可能总是成绩很差或不及格。

但是，我们可能也都知道，不少的所谓笨学生现在生意做得很成功或因为对社会的贡献而赢得了公众的认可，他们或许比那些所谓的聪明学生拥有更多财富（最广泛意义上而言）和个人幸福。

近几年前，学术人员、教师和研究心理学家在很大程度上忽视了情商的价值。情商一词包含很多范畴和相关能力以及投资人的一些个人资质，包括：

- 控制冲动的能力；
- 不满足的能力；
- 自我激励的能力；
- 面对困难不退缩的能力；
- 调节心情的能力；
- 在面临绝境时不让担心和害怕阻碍决策的能力；
- 同情他人的能力；
- 不失去希望并同他人分享希望的能力。

正是这些能力使投资人在仅仅依靠再多的智商也独木难支的情况下获得成功。我们都有情绪，但有时很难理解其作用和目的。古希腊先哲们为欧洲和美洲的情绪心理学奠定了基础。

柏拉图所写的哲学著作广为传颂，影响深远，由苏格拉底和其他人的一系列对话，讨论内容博学精深，引人入胜。柏拉图认为情绪就像毒品，能破坏和歪曲理性，这种假设影响了维多利亚时代科学家的思想，而且今天仍然感染着投资人的看法和态度。例如，进化论生物学家达尔文和美国心理学家威廉·詹姆斯在其著作中暗示，情绪仅仅只是生理事件，就像咳嗽和打喷嚏一样，没有任何意义，与思维是相对的。

亚里士多德是柏拉图最知名的学生，他对情绪的理解与柏拉图的认识迥异，反倒是与现代对情绪的科学研究结果一致。他最根本的看法是情绪与行动有关，从我们的认识衍生而来。

亚里士多德的专著《尼各马克伦理学》从哲学角度探究了道德、人的性格和幸福生活。我们调动激情的时候，就有了智慧，激情会指导我们的思想、价值观和生存，但其也很容易误入歧途，而且经常如此。亚里士多德认为问题不在于情感丰富，而在于情愿的恰当性和表达方式。亚里士多德没有解决的问题是要用智力管理自己的情绪。

投资人在情绪的价值这问题上看法比较矛盾。一方面，有了情绪才能做出英勇和感人的行为；另一方面，情绪也具有破坏力，造成交易期间的自我灭亡、错误推理、战争和破坏。我们不仅对情绪有矛盾的看法，而且投资新手已经被灌输了"情绪会毁掉成功交易"这样的陈词滥调。

当代科学证据表明，情绪在建立、维持、改变和终止人与环境中对人重大的问题上的关系中，具有核心作用。科学界体现在认为情绪在理性思维中扮演着不可或缺的角色。心情和情绪对判断的影响非常重大，投资人在做决定时会结合感觉和所知的信息。

需要一个投资能力模型

没几份职业能像交易那样对信念有决心、力度、勇气和忠诚上的要求。投资者所有的只有知识和勇气。说到底，坐在电脑屏幕前的只有自己，没有外部审查者或生产线经理可以求助。工具倒是有，例如帮助分析市场的电脑、显示强弱或阻力和支撑的图表，投资人或许还有一个提供市场深度的快速下单系统和做市商（二级）信息。在最终分析中，对不少投资人来说，交易是一条独行路，没有同事提供及时或非正式的帮助，在这种情况下，投资人有综合的交易能力模型来指导他们就很重要。

优先原则完全同意投资人能够逐步开发出一系列的技巧，来应对人要在这一艰难的职业获得成功应满足的方方面面的要求。我的书《金融风险承担》（威立出版社，2004年）中提供了交易能力的综合模型，概括了战术（活跃交易）和战略（计划和学习）的技术要求（见图2）。除了交易能力的综合模型，书中还以工具书的形式提供了八项标准和相关准则，帮助投资人组织和简化学习。如果投资人能认识自己的长处和短处，就是迈出了获取交易能力的第一步。

图2：交易能力的综合模型

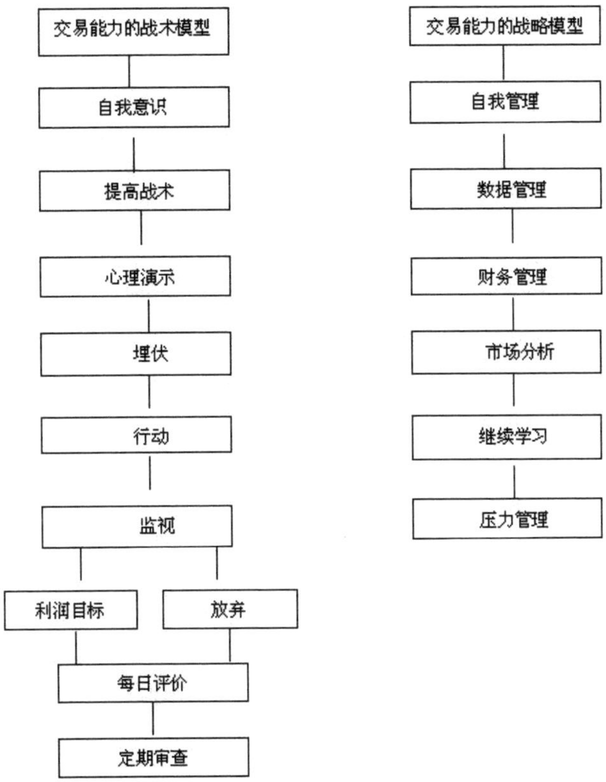

交易能力的战术模型
自我意识 → 提高战术 → 心理演示 → 埋伏 → 行动 → 监视 → 利润目标 / 放弃 → 每日评价 → 定期审查

交易能力的战略模型
自我管理 → 数据管理 → 财务管理 → 市场分析 → 继续学习 → 压力管理

有几年时间我在家全职交易，评估了自己的长处和短处，然后研究了认知心理学和经济学的调查，将理论应用于实践。我采访了38位在家交易人，他们都发现了自己学习和进步的关键领域。之后，开发了交易能力的八项标准和准则。

八项标准和准则

市场分析

根据能观察到的结果掌握一个系统或方法,我个人倾向于利用 Wyckoff 方法和 tradeguider. com 这样的相关工具,将交易量和价差结合起来。

压力管理

要了解外部压力源,知道其对业绩的影响,并每日实施减压方法。我的办法一般是散步、骑车以及有效利用深呼吸技巧。

交易计划

要写出反映决策过程、财务和风险管理以及市场参与原则的计划。成功交易人无一例外都会写出纪律和市场参与的原则,在指定时期内定期检查过程,在日历上做记录。

感知偏差

要有意察觉偏好、认识和常见的判断失误带来的消极影响。例如,投资人总是更看重支持持仓行为的信息,而不是反对持仓的信息,这种常见错误就会影响投资人。

情绪偏差

了解情绪的价值,找到消极情绪,学习控制心情和情绪的技巧。一些投资人可能需要外部协助才能找出活跃投资期间发生的消极情绪。利用模型和认知行为疗法已经取得非常显著的效果。

财务和风险管理

能够发现、确定和管理风险。投资人需要写下交易日记、决策日记和资产图这样的记录,并说明所写的日记和图表是如何产生和使用的,记入交易计划。

数据管理

开发自己管理信息的策略。对硬件和软件有一般认识,对基本算数应用自如,区分有关信息和无关信息。

继续学习

通过利用这些标准和准则或类似内容了解自己的长短处,创建自己的培训计划。确定完成学习任务的目标日期,并评估结果。不断学习是一生的事业,有计划地提高目标有助于学习,并让投资人实现抱负。

第三部分 交易学

市场怪才集中营

或许证明宇宙某一遥远角落存在外星人的最强有力的证据就是，他们尚未联系我们。投资人三番五次重蹈覆辙，还把这些错误当成成为市场大师的商业代价。他们会去找自称为专家的人希望指点迷津，其中一些专家除了胆量超群并能让人确信他们有通往财富的神秘知识外一无所长。投资的本性恰恰基于无法预测的市场，任人评说，谁又能质疑他们的诚信呢？街角店铺的小贩会告诉你他的投资利润，附送一个早期失败的逸闻，让这一切听起来像真的一样；公车司机、教授、理发师、医生、扫垃圾的，都是市场怪才。

多年来，一蹴而就的美梦一直就被强塞给大家，现在对软件和投资课程的推销高潮与让人不安，这在历史上也是无独有偶。在16世纪的阿姆斯特丹——令人尊敬的教育中心有一个炼金术的公认课程。神秘学家、占星家和伊丽莎白一世的顾问约翰·迪伊博士据称调查了那里的炼金术。当然，谁也没有真的把铅变成黄金，我们现在知道，这并不符合化学原理。

虽然证据不足，但未能改变这样的事实：近乎1000年来，人们相信此法可为。大型会场挤满了人，如果你能让某一个人相信你已经实现过，那大家就会大把掏钱去学习炼金术的秘诀。

投资人笃信专家权威，劳苦大众放心地把钱交给股票经纪人和财务顾问。无数的研究表明资产顾问的业绩一直逊于其操作市场的表现，甚至都没赚够该交的费用。同样的情况也发生在退休金、信托公司以及保险公司投资组合的经理人身上。一些投资人被经纪公司当作潜在客户加以挖掘。我自己就曾经接到过无数突如其来的电话推销，最近更是有一位经纪人想卖给我"一个市场的大好机会"，但却连他和其市场分析师怎么得出这个结论的基本问题都回答不出来。

但能做得到的

讨论了市场情绪的消极面，当然也还有乐观和有益的一面。许多投资人在家里就能有定期收益，也有经纪人技术高超，全心全意提供高质量的服务。

　　成功投资人的一个共性就是相信优先原则——无论是否是这个名字，并且为所有的投资决策负责。成功的投资需要一套技术，能让投资人在高压环境下思路清晰，做出聪明的选择，避免认识和情绪偏差，控制账户里的资金。优先原则显然需要自我认识和自我管理，这是情商的两个重要（现在仍然被忽视的）领域。

　　练就投资能力是一条具有挑战性而有潜在好处的道路，我们一路上会看到美金。投资人无疑也会尽力减少损失和恐惧、挫折和自我怀疑，但正是如何发现和管理这些事情才决定了你是身处90%的大多数还是10%的获利投资人。你准备好接受亚里士多德的挑战了吗？

　　迈克·埃尔文博士现居伦敦，著有《金融风险承担：交易心理和行为金融学概述》（成立出版社，2004年）。他曾从事调研心理学工作，并在纽约管理心理健康机构，现在则就职于期货交易所，也提供个人培训、举办研讨会，详情联系 m. elvin@ blueyonder. co. uk。本文首刊于2005年2月的《SFO》。

第三部分 交易学

第十八章 群体思维

伯尔尼·谢弗

先机——这就是每个投资人孜孜以求的，但是交易和投资却没有神器，至少现在还没有。所以到目前为止，我们还不得不指望先机给我们的竞争力添上翅膀。

即使如此，一些交易人在一个领域发现了先机——情绪，其在不久前还普遍被认为是骗人的把戏。情绪与基本面和技术面因素结合使用时（我们谢弗投资研究所称这种方法为"预期分析"），会成为分析股市、板块和整个市场的有力工具。

那么何谓情绪，我们为什么认为其如此重要？投资情绪简单地说就是集体的感觉、心情、认识以及在某些情况下投资者的行为，最准确的情绪指标一般会反映一群投资人的实际行为，而不是他们怎么想怎么说，虽然后者有一定程度的正确性。

世上没有永远正确的指标，情绪也不例外。但如果感觉不到股市未来所处的环境，交易人的分析就没能全面出击。他（她）或许完全掌握了基本面和技术面，但发挥作用的往往是预期或情绪。例如，你是否曾无从解释为什么盈利报告达到或甚至超过预期而股票下跌？其他达到预期的股票迅猛上涨时会让你觉得特别受挫。到底怎么回事？

答案经常隐藏在两只股票在之前所处的不同预期中。其中一个股票在报告前就可能已经被过度看多，可能已经积累了购买选择权或大量预期买入，而到盈利报告时已经无以为继，这样高的预期给股票造成重压，使盈利报告放了空炮。另一个股票则可能是大家普遍担心公司的财务状况，有些人预计不会实现盈利。结果呢？一旦公司超过低预期，加剧的看跌和买空活动最终得以减少。

与群体分道扬镳

那预期为什么这么重要？因为股价代表了投资者对现实的觉察，而这些觉察一般都是最好的反向指标。如果一个预期相对低的股票有很好的上涨机会，那么价格会从这个人为低点上升到反映真实情况的水平；反之，高预期会给股票带来下行压力，价格会从不符现实的高点下调以更好地与现实相符。

换句话说，低预期可以解释为潜在的购买力，因为疑惑不定的投资人（和他们手里的钱）会在一边等着，准备着从兑现者手中买入供给，推高股票的价值，这种过大的需求会推动价格上涨。另一方面，高预期一般意味着大多数的观望资金已经投向了股票，购买者现在所剩无几，任何被察觉的消极新闻都会让卖盘处于主导，导致股票更加疲软，下跌加剧。

预期分析最重要的一个原则就是潜在情绪与股票方向相反时，反向操作指标力度更大。比如说，可以料想到对下跌市场的反应是消极情绪，因此就不是一个有价值的反向操作指标。再者，上涨市场中的怀疑论就是一个非常有力的看多综合体，因为乐观情绪不到最高点时市场高点就不会出现。

投资人一般在牛市相当乐观，而且相当踌躇满志，比较不担心下探。情绪分析师想要判定看涨情绪何时到达顶点就有点艺术的意味了，在这个顶点买盘就会被消耗掉以至于市场冲高回落。但如果消极情绪出现在牛市，"情绪技术人员"的工作就简单多了，因为显然买盘还未被消耗尽，牛市还会更上一步才能达到顶点。

情绪给传统技术分析增值

客观衡量情绪能大大提高传统分析的价值，因为情绪的极值不会显示在图表上，只能通过独立的情绪指标类别才能看到并加以衡量。在图表上无法区分一个即将结束的趋势和一个价格和时间上还有很长一段路要走的趋势。实际上，技术分析有一句老话大意是说"图表在即将到达高点时看起来最漂亮"。但是，情绪指标能帮助交易人区分开会继续漂亮的漂亮图以及即将变丑的漂亮图。我们来研究一下一些情绪指标以及如何利用其来改善交易结果。

杂志封面情绪

衡量情绪的一个最容易的方法就是看看那些杂志封面。如果某个股票或行业板块冲上了商业杂志的封面，并有一篇大唱赞歌的文章，这一般表示这种情况早就尽人皆知、普遍接受了，这往往是股票到顶的一个促成因素，因此封面上的这只股票可能已经位于或接近最高价了，即使文章中的看好之声不断。虽说商业杂志封面会是最好的反向操作信号，但出现在一般主流杂志上的商业故事所显示的反向意义更强烈一些。为什么会这样？很简单，一旦什么事足以引起大众媒体的注意，那基本趋势甚至更可能气数已尽了。

还要注意到这些公开的信息不能少了干货，这很重要，实际上，交流的一般都是重要的事实。但是，期刊是报告新闻的，没必要预测。假设市场对未来事件的反应打了折扣，那所报道的大部分内容已经被大型市场玩家融入股票中，这就设定了股票的潜在反转，因为最后一批买家（或卖家）最终对该信息有所反应，对股票产生同向推动。

看跌与看涨期权比率

我们已经发现利用期权数据是衡量情绪最好的一个办法。要分析股票，我们经常利用期权未平仓量来衡量投资者的消极和积极情绪大小。未平仓量是指闭市后一个期权上的未平合约数量。利用看跌和看涨期权比率代表期权未平仓量是衡量情绪的好方法。每个看跌和看涨期权比率的表现各有不同，并且有自己独特的时机意义。分析可再进一步，将一个版块所有股票的未平仓量加起来形成该板块的综合看跌和看涨期权比率。

用看跌和看涨期权比率就能知道潜在买盘数量巨大还是资金缺乏、上涨无力，以此推断股票是要上涨了还是已成强弩之末。看跌和看涨期权比率高，就意味着悲观情绪严重，也就是说大笔资金处于观望状态；反之，看跌和看涨期权比率低，就意味着乐观情绪高涨，没什么钱去推动股票或指数了，特别容易受到利空消息打击。

衡量情绪时，我们主要关注投机大众显示的态度。我们的调查发现，大众（而非机构）情绪的反向操作态度往往能更可靠地预测市场运行。尽可能搜集这些投机者手中的期权信息，我们会集中关注前三个月的期权信息，这是聚集小投机者的地方。将现在的看跌和看涨期权比率与该股票以前的信息比较，我们就能准确衡量乐观和悲观情绪的大小。这一点非常重要，因为我们发现股票之间的正确比率信息差异巨大，因此，比较股票的新旧比率就是同类比较，提供了情绪大小的真实信息。

这种分析显示的指标，我们称之为谢弗看跌与看涨期权未平仓比率或"SOIR"，其代表在随后三个月内到期的期权的未平仓买权和未平仓卖权之比。去年的每个日 SOIR 与所有其他日 SOIR 比较，形成百分比列，百分数高表示更悲观，百分数低则更乐观。因此，如果百分比数是 90%，就表示去年所有的 SOIR 中只有 10% 数值更高，或更悲观，意即消极情绪浓厚，对于基本面和技术面显示强劲的股票来说，就有上涨意味；反之则是百分比数较低，意即股票有可能增长过度，非常容易抛盘下跌。

未补抛空差额

经纪公司必须每月汇报客户账户上被买空的股数。每个股票的此类信息会汇编到一起，发布给公众。检测股票每月的未补抛空差额数透露出公众对该股票的悲观情绪水平。在大多数情况下，数字大表示大家对该公司前景的看法消极（有时在合并等套利情况下会产生未补抛空差额压力。）

如果该股票因为盈利超过预期，从反向操作来看，这种消极情绪对该股票来说非常利好，意即，因为特定事件而跳空高走的股票具有庞大的未补抛空差额，会在短期内挤轧空头（空头买回股票），致使上行趋势会比预期坚持更长时间，但仅仅针对该特定事件。

在重要支撑线附近发生下拉，股票价格剧烈波动，这种股票的巨大未补抛空差额就是我们要找的香饽饽。这时，股票从支撑线上涨时空头急着买入股票以止损，价格就会出现重要的快速运动。这种短期平仓给上涨强劲的股票又增加了一股购买力。

分析家评级

另一种容易跟踪和量化的情绪指标是综合分析家评级，很多大型金融网站都提供。这些评级只是跟踪将股票划分为买入、持有或抛售的分析师总数量。虽然这种分级因为过于曲意逢迎，甚至有点自卖自夸而饱受诟病，但还是提供了宝贵的情绪数据，反应该股票的潜在购买力。

毫无疑问，买入类占有绝对优势，而持有则相当于消极分类。但卖盘一般很少，反映出对该股票有非常强烈的消极情绪。另一方面，买盘承压意味着乐观情绪达到最高值，下行空间大于上行空间，也就是说，乐观评级位于可能达到的最高级，这是一个警告信号，特别是对于技术面有缺陷的股票来说更是如此。

我们还要注意评级的数量，评级数量少的股票或板块一般表示公众还未接纳这只股票。因为大多数的评级都是买入，所以，其他的报道可能会使这些受冷落的股票受益。例如，黄金股票虽然过去三年来表现优异，但一直在很大程度上受到了冷落，最近才有好转。

情绪的用武之地

让我们来看看如何将情绪与技术指标结合起来创造一个有力和有利（润）的交易机会。下面这个例子是我们在实时推荐服务中推荐的一个期权交易。2003年10月，我们注意到了美国网捷网络公司（FDRY）的股票价格呈现出强劲的表现，而且近18个月来表现一直稳定地优于纳斯达克综合指数（COMP），其相对强弱指标接近三年来的最高值，如图1所示。

在技术面，多亏了上涨的10周移动均线的稳定支撑，股票一直在大步上涨。实际上，FDRY从四月初到九月中旬已经上涨了3倍，然后就喘了口气，稳定在10周趋势线上。我们注意到在六月和七月出现了类似的形态，重新上涨后盘整。10周线自四月初起就完美无缺，支撑住了每周的收盘价和下挫，见图2。鉴于股票的技术面历史表现，我们预计10月份还会重复这种状态。

图1：2000.12——2003.10间FDRY和COMP的周相对强弱指数

图2：带有10日均线的FDRY周图和COMP，2003年3月到10月

虽然在技术面出现了可靠的入场点，在中期上行趋势中下探到支撑趋势线，但交易的关键和促使股价上涨的动力是一波怀疑情绪。这种消极情绪主要表现在期权市场上，FDRY 的买权卖权比率位于剧烈波动中，买权比卖权增长得快得多（见图 3）。实际上，我们买入时，这一比例达到年内最高值，表示期权交易人极度悲观。我们也从调查而知，大幅买入之后一般是 FDRY 股票价格的强劲上涨期。

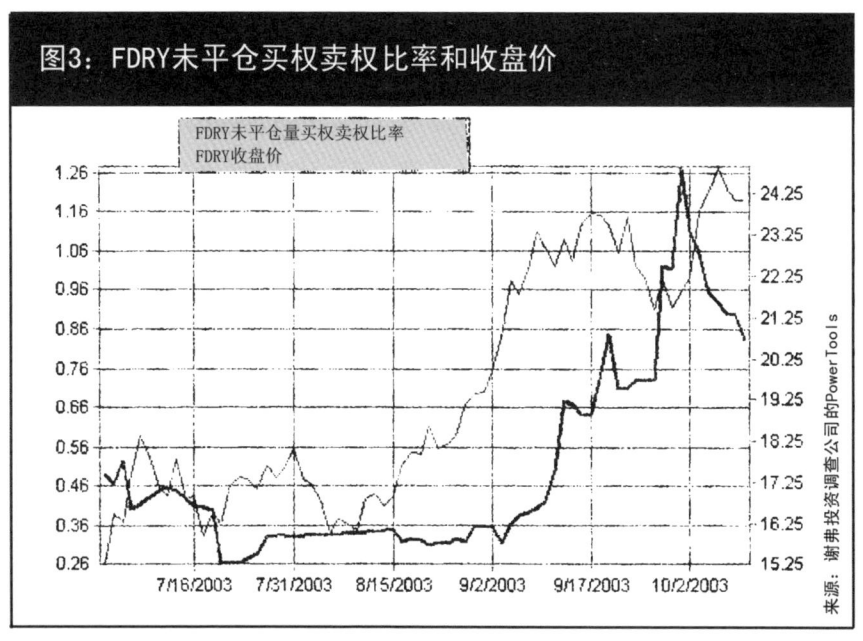

华尔街分析师举动让局势完全明朗，他们对这只股票态度漠然，虽然股票大幅上涨，分析师并没有买账，这就表明大股买盘还在袖手旁观，等待入市推高价格。实际上，买入该股的 65% 的经纪人都推荐持有，这给日后提高推荐等级留了极大空间。简而言之，基于这样的估计，优于大盘表现的强势股的消极情绪，FDRY 展现在我们面前的是一片大好形势，因此我们建议买入 FDRY 的看涨期权，要促使股票如预期上涨。

股票从其 10 周移动均线的支撑位成功反弹，如期上涨，同时一些对买卖权比率悲观的情绪开始释放，转化为乐观（注意图 3 中 SOIR 线出现下跌），这就表明了买盘压力。股票在之后的四个交易日里猛涨了近 14%，而我们的期权也获得了108％的利润。

综合应用

将情绪作为分析工具之一，能极大提高交易成绩。有了几个根据情绪显示的指标可用，市场参与者同时还要了解四个主要原则：

● 目前最强的反向操作信号是牛市中的熊市情绪和熊市里的牛市情绪；

● 上涨中的牛市情绪和下跌中的熊市情绪是最弱的反向操作信号；

● 如果你要利用与你自认的趋势一致的情绪进行反趋势交易，那么在下跌时情绪变得非常低落的情况下及在上涨时情绪变得非常高涨的情况下，会取得重大成功；

● 人们总是会变得更激情澎湃或心灰意冷，即使情绪好像已到达了极限。

伯尔尼·谢弗，是谢弗投资调查公司主席，其网站www.schaeffersResearch.com已被《福布斯》和《巴伦周刊》评为顶级期权网站。谢弗的反向操作方法集中应用于技术和基本面趋势与投资人预期相反的股票上。本文首刊于2004年3月的《SFO》。

第四部分　交易头脑

我们都希望能够完全控制自己。但实际上，我们的心理本身就会影响我们所做的一切事情，包括交易操作。了解一点交易大脑的基本知识有助于我们更好地进行交易。

找到境界意味着发现认识和行为毫不费力、不受干扰地无缝融合的心理状态。自我实现的过程会产生行为流，这就意味着你发现了自己的境界。交易心理学家布里特·斯蒂恩博格会介绍当下流行的研究亮点：从马斯洛对人类需求的突破性研究到交易操作上的最新应用。

控制和训练大脑会给自觉的交易人带来丰硕回报。我们现在知道在进行不同活动时调用的是哪部分大脑。从解剖学上了解大脑如何处理信息，大脑皮层行为和扁桃体行为的不同，它能帮助我们了解情绪，以新的角度看待交易习惯。

现代所有交易心理学的书籍都有一章介绍偶像级交易人乔治·索罗斯。说到索罗斯奇妙的投资策略，不得不注意到他的背痛病。要知道怎么才能让你的直觉与分析相结合，告诉你交易决策是什么。索罗斯主要的交易原则就是相信人容易犯错。他凭直觉在主流观点构成的自我加强趋势中侦查交易机会，这种趋势在缺陷显露出来后就会反转，这样，他就会在每个投资理论里发现缺陷，能够在缺陷有目共睹前先发现，就能有索罗斯那样的成就。

第十九章　找到境界：交易心理游戏的新观点

布里特·斯蒂恩博格博士

最近不少书强调交易是一种表演行为，心理状态是成败的关键因素。这种观点非常流行，最近还出现了两本都名为《界内交易》的书。"境界"指的是什么？交易人又如何保持在境界内？在本章中，我回顾"境界"的大量不同来源，包括认知神经学的新研究，再向想要改善其心理模式和利润的交易人说明其中的含义。

了解境界

表现优异境界的概念不是来自体育或交易，而是来自禅宗。奥根·赫立格尔在20世纪30年代游学日本，选择通过射箭学习禅宗。近20年后，其著作《射艺中的禅》（潘西昂出版社，1953年）宣扬了通过心理训练获得优秀的理念，他的书启发罗伯特·波西格写了畅销小说《万里任禅游》（威廉·莫罗公司，1974年），书中一对父子在一次骑摩托车旅途中重新认识了彼此，这是一次非常严肃的高质量经历探索。波西格解释说，骑车旅行是不同于开车的另一种能力。日后，你总是会通过框架看现实，被局限起来。他在旅行中写到，你"身在其中，而不是仅仅旁观，存在感强烈。"行动者和行动、表演者和表演的融合，这种体验就是"境界"。

禅宗中至关重要，按照赫立格尔和波西格的说法，概念是我们正常的意识状态破坏了禅宗体验的质量。我们一旦有意识地考虑自己的表现，我们就不再是自己了，越努力去实现目标只会离目标越来越远。禅法弓箭手的培训在于演习者静心、祛除心理干扰、能够自觉磨炼技能以自然表露自己的能力。

马克·道格拉斯（Prentice Hall 出版社，2001 年）和阿里·基辅（威立出版社，2001 年）分别在其同为《界内交易》的书中强调了一心达到交易水到渠成、看似毫不费力这种状态的重要性，两人将境界作为交易训练的外延和正向心理状态。一旦交易人陷入恐惧、害怕和沮丧的状态，就丢了境界，长时间观察市场模式得来的直觉就无法出现。交易人也和禅法弓箭手一样，关闭心智是成功的重要因素。

但境界这一概念到底有多有效？射箭、交易和其他领域的从业者能真的在波西格描述的竞技状态下获得成功？调查工作对此提供了惊人的答案。

创新性和境界

马斯洛是第一个研究健康、机能良好而不是内心有疾病的人的心理学家。他调查了自我实现的人，他们都非常具有创新力、成果颇丰、幸福且功成名就，并得出几个重要发现。他首先发现自我实现的人比一般人具有更大数量的高峰体验，这些高峰体验几乎具有神秘的能力，当事人能突然心平气和，与外界心意相通。而且这些体验无一例外会在自我实现的人沉迷于对个人非常重要的活动时来临。有意思的是，这些人都是自然而然沉迷其中，而不是通过有意设计。

那么马斯洛的高峰体验是不是指赫立格尔在禅法射箭中、波西格在技能研究中、体验过境界的交易人说的心理状态？

芝加哥大学心理学家米哈里·契克森米哈的调查给出了肯定答案。他对多个领域非常有创新力和成功的人做了调查，发现他们工作时有一种流动状态，这种流动状态是内心的愉悦感，工作者全心全意沉迷在自己的工作中，时间好像都不存在了，他们意识不到自己和环境，与工作融为一体。

契克森米哈在其著作《创造力：心流和发明的发现哲学》（哈珀柯林斯出版集团，1996 年）道明了能够产生心流体验的九种工作特性（见图

1）。他发现目标清晰而又有挑战性的任务，如果能得到即刻的反馈，就能带来最大的内心愉悦感。契克森米哈对这些研究的总结是："我们采访过的每个人都说，可以说他们从业的每一分钟都在工作，也可以说他们这一辈子都没工作过。他们认为一心一意从事最困难的工作，就像是一场游戏，一次充满喜悦和乐趣的冒险。"他认为那些在境界内的从业者是注定要有创造力的，因为他们痛并快乐着的机能能让他们探求更大的创造性挑战。

图1：与区域有关的工作特点

向前的每一步都有明确目标；

对行为有及时的反馈；

挑战和技能之间保持平衡；

行为和意识合一；

意识不受干扰；

不担心失败；

自我意识消失；

时间感失真；

行动自然而然（本身充满乐趣）。出自契克森米哈的《创造力：心流及发明的发现哲学》

使具有创造力、成功和自我实现的人与众不同的不仅仅是出现高峰体验、心流或境界，还有能够时常获得和保持这种状态的能力。契克森米哈认为，只有人出自内心热爱自己从事的工作时这种情况才可能出现。交易人如果只受到市场之外的因素促动，如想要证明自己、避免失败或功成名就，就不太可能像那些认为市场本身就其乐无穷的交易人那样找到境界。米哈里·契克森米哈认为，注定要有创造力、真心喜爱研究和交易及市场形态的交易人才更可能形成独特的获利交易策略。

成就斐然和境界

真心喜爱自己的工作而不懈努力可能是各个行业的成功公式，不仅仅针对交易，弗朗西斯·高尔顿 1869 年对遗传天赋的研究支持了这一结论。他调查了杰出的创造者后发现，这些能力强的人能够完成大量的高强度工作，就好像"受到内心的驱动一样"，高尔顿认为这种"工作本能"是决定成败的主要因素。

日后的调查也肯定了高尔顿的结论。戴维斯的加利福尼亚大学心理学家迪安·基斯·西蒙顿在其著作《伟大：谁创造了历史及为什么》（吉尔福德出版社，1994 年）对这些创造力非凡的人做了解释，"这些人受到极大的情感驱动，强度远远大于不甚成功的同事的动力……天才不会花那么多时间做没有内在激情的事。"西蒙顿发现，成功的人之所以成功，是因为他们的成果比同事多：更多的艺术作品、更多的科学实验、更多的政治提议。由于这种多产性，他们更可能比一般人获得巨大成功，并逐渐做出真正有意义的贡献。

这些发现对期货和期权交易人有重大意义。交易人的产出或许可以衡量，不仅仅通过其资产曲线，还能通过能形成多少个独特而可靠的交易策略。如果交易人受到对市场的发自内心的痴迷激励，就能不断对市场做研究，找到可交易的先机。开发了一百个机械系统的人与一个修补含有许多图表软件程序的被用烂了的系统的人相比，一般来说，前者更有可能找到稳定的交易方法。同样道理，观察和纸面交易几千个市场行为的谨慎交易人比业余交易人更有可能掌握可交易形态。境界很重要，不只在于其将消极情绪和交易隔离开来，还在于其为熟练掌握市场提供了动力来源。

值得考虑的说法是交易成功的构成因素与其他领域成功的隐含因素类似。成功交易人与科学奇才或伟大艺术家一样，都能获得一种状态，使艰辛的劳动伴随着内在的快乐。心流状态，即交易人所说的境界，模糊了工作和娱乐的界限，为异乎寻常的创造力提供了动力。

这种假设也与安德斯·埃里克森的调查相吻合，他发现在体育、艺术和科学上获得成功的人突出的特点就是在自己的事业上投入了大量集中而用心的练习。埃里克森在其著作《杰出之路》（劳伦斯·厄尔鲍姆出版社，1996 年）中称，高质量的练习时间和最终的成就之间有合理的直线联系。据他观察，高质量练习的许多特点在很大程度上与形成心流的因素相同，如挑战、目标清晰、快速反馈。杰出人士会将其练习结构化，最大化心流——境界状态，因此能保持努力工作的动力。

埃里克森认为，单单努力是不足以形成境界的，就像体力耗费本身是不会带来愉快感觉的，反倒是精神集中的特定劳动能使意识发生改变，提高学习效果。埃里克森称，音乐家陶醉于自己的创作中时，就能体会到心流。当陶醉被教导打断时，境界就消失了。赫立格尔在其对禅法射箭的调查中发现，不可能融入工作中又同时操心着结果。如果交易人要发现境界，只能通过交易过程中的全神贯注。虽说积极思维和交易培训对于达到境界都很必要，但还不够，维持心理状态才是关键。

认知神经学和境界

交易人在境界中时大脑是什么状况呢？虽然还没有对交易中大脑活动进行研究，但我们还是知道一些维持心理状态时的大脑活动，这要多亏了对大脑局部受损的病人的成像研究和调查。

调查显示，注意力、专注力和维持心理状态都与大脑额叶的频繁活动有关。神经病学家埃尔克诺恩·哥尔德伯格在同名书中将额叶称为执行脑（美国牛津大学出版社，2001 年）。人们需要协调复杂活动时，如形成和执行交易方案时，额叶会接收到大量的脑部血流。神经病学家奥利弗·萨克斯在为哥尔德伯格的书所写的前言中称，额叶对"所有高级目的的活动至关重要……个人的意向性全在于额叶。"

如果额叶受伤，会造成执行目的的行为的能力下降，神经病学家将此称为"执行障碍综合征"，典型表现是自主行为、冲动和精力分散会扰乱情绪，这些特质与注意缺陷多动障碍相似。

图 2 总结了各种交易心理著作描写的成功和不成功交易人的特征，其中也包含了我和琳达·拉希克所做的调查，我们跟踪了 64 位活跃交易人的特征。注意两者之间的对等特征反映了额叶完整和受损人之间的区别。激

第四部分　交易头脑

活额叶是境界时的集中注意力心理状态，条件会不会也是构成好交易的条件？

图2：成功和不成功交易人的特征	
成功交易人	不成功交易人
有交易计划	冲动交易
有交易原则	根据感觉和愿望交易
交易心理清晰	情绪化交易
针对市场交易	根据自己意愿交易
损失后能够针对问题	损失后针对情绪
利用检验过的策略管理交易	很少或没有风险管理
根据风险和回报选择交易	交易反复无常、过度交易或交易不足

研究支持了这一结论。伯克利加州大学的亚瑟·史玛穆拉总结了一系列的研究，确认了额叶的"动态过滤"作用。额叶使我们能够自主完成复杂任务，过滤掉不相关的刺激，这样我们就在根据计划完成具体任务时，能在工作记忆中牢牢记住计划。情绪经历就是额叶活动过滤出的刺激之一。激活额叶、保持注意力集中在计划好想做的交易上，如界内交易，会是最有效的策略之一，排除掉决策时的情绪干扰。

有意思的是，在进行新奇任务时，额叶的活动比进行惯例工作时活跃。在第一次学习某种技能时，血流会以最快的速度流向额叶，并集中到右半脑。当技能自动化后，血流就会流向大脑的其他部分，特别是左半脑。这也说得通，因为在处理新刺激物时需要最大的精力和心思，一旦执行任务成为惯例，如开车，就不需要大脑执行中心的参与。

经验丰富的期货和期权交易人都知道市场形态从来不是静止的，波动小、窄幅运行的市场的形态与正在形成趋势、波动大的条件的形态不同。知名的交易人维克多·尼德霍夫在其著作《投机生涯》中，将这一现象称为"不断变化的循环"。在市场随时间转换这一点上，交易人面对的是层出不穷的新情况，交易永远也不会是完全自动执行的任务，新形态的确认需要大脑额叶的参与。这一结论表明，保持心理状态的能力是不断获得交易成功的必要因素之一，使交易人在还没有退场前能够认出并探索不断变化的循环。其也能够解释交易人中的普遍认识——必须排除情绪才能成功，如果被贪婪、恐惧或挫败吞没，那就失去了区域，也无法确认和探索新形态，交易人就好像得了一阵儿执行障碍综合征或注意缺陷多动障碍，降低了进行自主行为的能力。

这就引出第二条重要假设：我们所说的境界体验是一种意识经过改变的状态，伴随着大脑额叶的激活行为，这样就有利于加速学习过程，使我们能保持注意力集中。境界可以作为意识二次恢复，是保持高质量工作的副产品，这种努力变成了一种激发状态。有了这种认识，就为交易心理开启了通往有前途的新策略之门。

找到境界

交易人如何提高在高成绩界内操作的能力？对于这一点展开的调查能够提供几个策略：

有的放矢的练习。交易人要对训练进行组织，能够反映产生心流体验所需的条件，这就意味着练习应该有清晰的目标、具有足够的挑战性来极大激发心理状态、提供及时正确的反馈、尽可能减少干扰。这种练习不仅仅是学习，还可以是培训如何达到和保持境界。用历史数据的模拟交易练习特别有帮助，可以用来进行有目的练习，逐条分析数据、构建交易方案、设置交易、管理和退出仓位，交易人能在挑战面前演练重要的交易技能，获得及时反馈。

逐步加强难度。执行能力——境界交易的标识——提高与体力增长非常相似，就像举重运动员必须不断增加重量锻炼肌肉力量一样，通过逐步增加的难度，交易人能提高其专注程度，解决越来越复杂的交易。例如，先模拟交易一个市场仓位，然后管理多个仓位；也可以对干扰因素增多的情况进行模拟，提高对心理状态的要求。

不断中断交易并有计划的练习。对专家级表演者的调查发现了一个有趣的现象，他们会在爆发式状态下演练技能。高程度的集中精力持续不了

第四部分 交易头脑

几个小时，会被不断打断，稍稍打个盹。不少成功交易人发觉，他们累了就不想做交易了，市场波动降低时也会停下交易，这让他们有时间恢复精力，在交易时处于境界内。著名交易人马克·库克接受马克·埃茨科恩的采访时称，他大多数情况下在东部时间2：00就不做交易了，"到那时我都已思考了7个小时的'市场'，差不多是我的极限了。"他对自己做了研究发现，如果跨过疲劳界限交易，他的利润就会减少，他可能就不在境界内了。

生物反馈。在所有提高交易技能的策略中，这一条可能最有潜力。生物反馈测量皮肤传导性、心率、肌肉张力和脑波，这一技术越来越便宜，让人们能监测自己的平静和觉醒程度。虽说平静的生物反馈并不能保证你就处于境界内，但被唤醒的记录则几乎可以保证被激活的大脑区域不利于获得最佳效益。将生物反馈和审慎练习结合，交易人就能跟踪到情绪形态何时将他们带出了境界，有扰乱交易的威胁。我在自己的调查中针对额头皮肤温度做了生物反馈，如果到达大脑额叶的血流增加，温度反应就非常敏感。通过追踪交易期间额头温度的升降，交易就能客观测量他们位于境界的程度，发现保持这一状态的策略。

认知练习。埃尔克诺恩·哥尔德伯格提出了一个非常有趣的概念：为大脑建立健身馆，在此进行的认知练习能够提高额叶功能的发挥水平。这种练习已经成功应用于大脑受伤或功能有障碍的病人中。哥尔德伯格相信，普通人也同样能够通过训练额叶提高大脑功能，训练额叶要通过完成挑战不断增大的任务而同时保持注意力集中。例如，我自己就在测量额头皮肤温度的同时心算自动收报机纸条上跳跃的股价总和。因为纸带移动的较快，心算需要全神贯注。有趣的是，期间的额头皮肤温度一直居高不下（表示额叶处于激活状态），致使集中精力的状态与境界很接近。通过这些和其他练习，就像在禅宗中发现的那样，有可能根据需要产生心流，使交易人更长久地处于表现优异的境界。

罗伯特·波西格在《万里任禅游》中讲述了一个有意思的现象，骑车人真正修理的摩托车就是称为自我的循环，无论是骑车、禅法射箭或是交易，我们处理的既是工作又是自己。通过系统和集中的培训，可以说我们塑造了大脑，并创造了保持杰出成绩必需的积极状态。我倒建议交易人大大加速这一过程。"我每天做的就是大脑练习，提高我的头脑灵活度，"交易人马克·库克称，"我一再说'我不是个交易人，我只是在做交易'。我已经融入在交易中。"他发现，我们进行真正交易的市场就是叫自我的市场。

布里特·斯蒂恩博格博士，是纽约州立大学上州医科大学锡拉丘兹校区的精神病学和行为学临床副教授。他担任芝加哥金斯特里交易公司的交易人开发负责人，指导专业交易人并调整交易人培训项目。斯蒂恩博格是活跃的股指交易人，将根据统计得来的形态认识用于日内交易。他还写了《交易人绩效强化策略》（威立交易，2006年）和《交易心理学：认识市场的工具和技巧》（威立出版社，2002年）。斯蒂恩博格的交易档案和博客请见 www.brettsteenbarger.com，市场分析博客请见 www.traderfeed.blogspot.com。本文首刊于2002年12月的《SFO》

第二十章　弗洛伊德会怎么说：
漫步在弗氏心理的致富路上

丹尼斯·沙尔

我像是落入了窠臼。我日子过得不错，但好日子总是跟着坏日子，好日子也不是太好，或者如果在交易上犹犹豫豫，日子就能好。日子不好往往因为冲动交易，我知道我不该这么做，但还是会仅凭冲动行事，最后通常碰上可恨的反转。我经历过很多事，但现在可能是我最困惑不解的时候。

我认识到，处理好交易情绪好像比解决交易机制更难，虽然前者更重要。我如何才能打破这些看似出自内心某处而自动设定好的反应模式？有办法解释这种模式吗？这显然不是能完全靠意志力解决的问题。

【出自一位指数交易人2004年2月的留言，获准使用】

每个经验丰富的交易人都知道，想成功就需要开发出一条合理的进入退出策略。先要有计划，还要有依照计划实际进行的交易。这无疑需要进行非常集中的整理分析和决策。

但说实话，就像那位指数交易人所述，成功单靠理性是不够的，黑匣子系统甚至都牵扯到恐惧和贪婪情绪，影响了是启动还是继续测试的决定。再不济，自尊心和个人看法也会改变任何体系的进展和执行。在自由决策策略中，理性分析和慎重行为只是在理论上控制操作，但在实践中两者都会受到心情和态度的影响。

人人都说"遵守原则"，但所有交易人迟早都会在现实中遇到感情破坏计划的情况，只是程度不同。更惊人的例子就是交易人赚了钱、又赔了、再赚回来、后赔进去，循环不止。这要说起来话就很长了，即使如此，各种水平的交易人还是努力要彻底解决这个问题。

弗洛伊德会怎么说？

没错，精神分析无情地展示了令人震惊的场景。简而言之，答案在于分清楚有意识情绪、潜意识情绪和无意识情绪的模式。有了这个前提，交易人就能找出隐藏的"模板经历"，然后将交易和情绪隔离开。

从本质上说，这是因为答案不在于封锁，如恐惧、狂喜、犯傻，等等。这样的感觉，而是要让它们发泄出来，就像一句警句说的"亲近朋友，更要亲近敌人"。现代精神分析的做法是区分出无意识认识并学会表达所有情绪并且能够在心理上具有优势。

这种做法有效的原因在于隐蔽的情绪本质上很神秘。例如，在建仓时总是犹豫不决，这时通常会感觉紧张、不确定，或完全是害怕。真正能解释这些隐藏的情绪和关联就能有更有价值的领悟。这种紧张是因为担心亏损、犯错、惹上麻烦、被苛责、还是自己笨？具有讽刺意味的是，担心什么来什么。交易人还是会输掉可能赚的钱、为犯错而难过、让自己惹上麻烦、自责、觉得自己笨，刚好是自己刚开始不愿意做交易的原因，这里很容易就出现了循环剧。

如果观察得够仔细，不难发现同样的想法、情绪和行动会一再发生。顺序可能交错，即为行为、想法、情绪或情绪、行为、想法，但的确存在这样的模式。几分钟或几年就发生一次，一个优秀的交易人遭受惨重损失就是这种情况，但这种模式一直存在。

西格蒙德·弗洛伊德在1920年首次讨论了"重复冲动"，称一些人不是按照最可能获得最大幸福或成功的方式行事，而是强制性的不断重复。拉普朗虚和彭大历斯（《精神分析词汇》，W·W·诺顿出版社，1974年）将这一现象描述为"无意识产生的不受控制的行为，结果，目标有意处于痛苦境地，因此重复以往的经历，但他却不记得这种模式，反而强烈认为该状况完全是当时的环境使然。"

按照交易界的说法，"他强烈认为这种情况"的意思是"要是我能找到正确的策略就好了"或"意外的消息没再次使运行迅速的市场穿过我的止损点就好了",或者……抑或……再或……

神经系统科学如是说

怎么会这样?大脑及其进化方式给我们提供了线索。用最基本的话时,大脑有三个主要部分:脑干,控制心跳和消化等;下皮层,位于脑干之上、头部中间;皮层,处理我们认为的复杂思想和认识。成长从脑干开始,贯穿儿童初期及之后,发展到最高级的区域。两个主要神经元结构及其之间的空间被称为突触,形成布满大脑的网络,并形成了大脑的核心基础结构。

在成长过程中,每个区域在很大程度上影响了下一个更高级部分的发展,因此主要通过皮下层组织如扁桃体或下丘脑获得和控制的各种功能,主要通过高级皮下分组织处理的任务来形成。但这个过程不会使低级组织的作用无效。下皮层(情感的来源地)通过其早期的发展和对大脑随后发展产生的作用,能够极大影响高级思维中心。

如果很难相信智力是由大脑比较原始的部分控制的,就想想用手写字。儿童刚开始学习写写画画时,手要能非常灵活的运动。但日后,签名这样的行为则完全是下意识地完成了。同样,感觉经常是无意识地运行,但这并不会消减其威力,事实恰恰相反。

与大众想法相反的是,下皮层实际上能力更大,因为人类自我意识形成的关键时期恰恰是支撑情绪酝酿的神经元网络形成的时期。关键时期是生物学里有名的说法,指大脑正常形成过程需要一定条件的时期或获得某一功能或技能的时期。

加利福尼亚大学洛杉矶分校神经学家艾伦·斯霍勒称,大脑最高级的额眶部皮质在婴儿2岁的时候成熟,而一般孩子这时知道的字还不到70个。核本身不用语言而且无意识,处于情绪化状态下。他认为,母亲和孩子之间的联系的确能改变儿童的右脑。

山田大记领导的另一组神经学家提供了一个例子,解释了这种情况发生的原因。科学家们显示了八周大的婴儿的视觉发展,期间可能出现母亲和孩子之间的目光接触。因为在成人中，情感信息对婴儿自我认识的发展至关重要，可以通过眼睛传递，例如，如果婴儿啼哭让母亲厌烦，那么在她耐心耗尽的情况下看孩子的目光就会含有反感之意，孩子就会将这种反应吸收到刚刚开始的对自我的认识中。

日后这些早期的看法会反映在我们的自我选择中。这种在我们还不能言传前就产生的认识反映了婴儿对外界事件的理解，这些外界事件与我们的真实价值或智力没有实际关系。但这些反射会持续，因为其来源于理性思维出现前形成的神经元和突触网络中。

与交易密切相关的不断回馈非常有效地反映了这些无意识情感。每一个基点都是微妙、无声的副歌的扩音器，声声唱着我们获得成功的权利。因此非理性或冲动交易的药方不在于换个系统或方案去控制无法控制的事情，而在于了解与我们成功相关的隐蔽决定。

错不在人：做人的挑战

认识到无论以前犯了多少错误，找到其根本原因的重要性与最终更加成功的能力相比，微不足道。几乎所有的交易人都在或曾在情绪上栽过跟头，因此这不是人的错，仅仅是人在成败于一瞬间情况下面临的挑战。

第二，交易人要无视各种声音，内部的或外部的，告诉你"必须控制情绪，必须这样或那样做"，这些事做起来都很难。听他们的话只会让交易人更看低自己，可能除了做出更多冲动交易或压根不交易外一无所用。最终，这个问题产生的基本感觉常常是"我不够好"，与这种看法应声唱和的所谓方案经不起时间的检验。

问一问，你童年有哪些重要事件？你记得最清楚的是什么？这些时期发生了什么事？家人告诉过哪些你自己的事？再进一步，问一问小时候你父亲怎么待你。你目前对你在学校的表现如何评价？你的兄弟姐妹如何待你？这个练习的关键在于看看周围与你亲近的其他人的行为，仅仅记录他们的行为，其可能如何影响你那时的生活以及情感。

梦中的情节是另一个信息源，别操心解释其含义，只要想想梦中的场景以及与其相关的一般情感。你是不是梦中的主角都没有关系,梦里出现的可以是任何人,其中的情感往往反应你的下意识。

如果你碰巧在童年与母亲分离,可能是因为被收养、疾病或离婚,这要考虑进去,还要考虑照顾你的人可能做出的行为。虽然分开了,但孩子知道母亲不在了而自责,这会对保留利润带来特殊的挑战,原因有二:出现内在的无价值假设("母亲不在——她一定不爱我——我一定是太坏了。")和必须摒弃因被排斥而产生厌恶的完全无法接受的情感才能发挥功能("我太幸运了,这些友善而比较富有和聪明的人能领养我,对此我只能报以感激之情"。)

你只要探求就能找到

无论你找什么,要找到与你的交易情绪相配的东西,既要看具体的交易,也要看整个大局。想想今天的交易决定及其对你的感觉,再对比之前的情绪和想法。单独看看重复出现的场景,可能是邻居小孩对你的态度或者老师对你的普遍评价,这些回忆在我们成年经历和婴儿时期形成的情绪模型之间搭起了桥梁,这种洞察会揭示不盈利交易背后隐藏的想法和情感迷宫。

事情是这样的。一天我在美林证券连续做了几笔不错的日交易后,有一笔买空交易反向我的预计而行,而且损失不少。任何交易美林证券的交易人都知道买卖差价会很大,而且瞬间而就,因此我想通了。在交易时,我没有糟糕的感觉,甚至也不太担心。我努力说服自己不做隔夜交易,就损失了一大笔而平仓了。然后,我觉得非常难受,不仅仅是懊恼、糟糕,而是感觉坏透了。

我把说教用于实践,关注感觉的本质。自责之后,我意识到我基本上是对自己这么愚蠢而感到羞愧,头脑里不断响起"你这个笨蛋,以至于做这么差。"

然后我猛然醒悟!从心理分析角度看,这种情况实际就是股票越过了止损线,我还放任自流,无意识地成了笨蛋。当时我并没有意识到这一点,而是琢磨美林的反常行为,想着挽救这笔交易。当时糊里糊涂我就

"出手了",也就是说,我的行动也犯傻,从而使情况更糟。如果在交易时我知道这些隐含情绪,我就能将交易和情绪隔离开,采取正确的退出方式。

胆小鬼走开

自己进行心理分析当然不容易,但如果坚持下去,你无疑能有长进,特别是如果你觉得这种看法是无稽之谈,但与其他事情一样,要是有个人指导就容易得多。你自己就可以发现"头脑里的潜意识声音"。要找到无意识,从定义上看复杂得不止一点,心理分析没宣扬过,因此找个好老师可能需要费点功夫,但最终都会"种豆得豆"。

此外,现代分析的奠基人海曼·斯伯特尼推进了弗洛伊德的工作,治愈了许多被认为无药可治的心理紊乱。他使用最好的工具之一是面对愤怒和挫折的现实。帮助客户处理这些有意回避的情绪,他获得了突出成就。因此,解决自我挫败的最终线索在于处理这些一般会遭到批评和惩罚的消极情绪。

一旦你能安然面对自己不配赚钱或有钱的现实,要想生气就变得更困难,但这一步更重要。之所以这样是因为我们自小就被教育说生气不好,但我们确实无法不生气。实际情况是,我们接受这些情绪,并发在自己身上。这种转向会表现在我们的行动上,然后限制我们的成功。

"现代派"的做法就是将无意识的怒气变为成功动力的技巧。如果我们的客户对我们发火,我们就希望如此。如果病人开始告诉我们他有多么不喜欢那个分析师,分析师让他很失望,不称职,或其他不满意之处,那病人就会更成功。这与你告诉父母、伴侣或老板这些话效果不同,你会得到一定形式的受罚,没错吧?或者,你会预计得到惩罚。

另一方面,一个有天赋的理疗师对此的反应大有不同。不典型的反应有利于更原始和无意识的怒气爆发出来,诉诸语言。爆发的过程——没有惩罚或报应,打开了通往成功的无意识情绪之门。

如果找不到教练接受现代分析的培训,就试着写下生气的所有感受,无论对谁生气,你就能找到办法,顺其自然。不是谁都必须如此,也不是

第四部分　交易头脑

一定要怎么样。想办法的时候不是边看书或听音乐，而是全心全意，感受自己的直觉，列出让你生气的人或事，可能会发现不这样做的理由和道理。"做个乖孩子"或"往好处想"的劝告对我们的控制力可谓强大。

最后，我们的目的是能把所有的无意识情绪用语言表达出来，主题有两个：一是你因何自责；二是你希望能责怪谁或什么事。你如果能找到并接受这些情绪，再用语言表达出来，你的交易成果就能提高。下一步就很容易了，无论你遇到什么特殊情况。

理论上说，这种策略反映了一些武术的概念，借敌之力以制敌。我们想着要控制自己的情绪，但实际上情绪不可控。情绪总是在我们做事时昂起丑陋的脸，打乱我们的计划。事情只要能说出来就能破坏其威力，暗中影响决策。潜伏的力量减弱了，冲动消失了，思路清晰的思维就能掌握控制权。

然后，隐藏的情绪最终会丧失力量，你为获利所做的大量准备能在坚持原则中得以实现。

丹尼斯·沙尔，文科硕士，芝加哥期货交易所成员，自1994年开始短期交易。她将交易经验和学到的心理学相结合帮助交易人坚持执行交易计划，并创建了交易者灵魂公司，运行 Talking Traders，提供讲座、研讨会、讨论小组和个人培训，主要目的在于理解和管理智力、情绪和交易行为之间的关系。沙尔拥有芝加哥大学硕士学位，在校期间她研究了神经学支持无意识理论的知识，并继续在中部曼哈顿研究院进行研究，主要关注现代心理分析技巧。通过 denise@ traderpsyches. net 可以联系到她。本文首刊于2004年12月的《SFO》。

第二十一章 爱上蜥蜴脑并发家致富

泰瑞·伯纳姆博士

"脑残的人才会成为优秀交易人"是最近一篇学术论文的标题概要，该研究表明，大脑情感中心受过创伤的病人在模拟投资时，成绩优于一般参赛者。行为金融学和神经经济学最近的其他发展认为，我们的大脑总是做出亏损决策。

西格蒙德·弗洛伊德发明了最著名的脑子内部战争模型，其中本我、自我和超我争着控制对乱伦的性欲望、对低级乐趣的易感性、巧克力幻想以及其他那么让人心痒的紧张状况。从柏拉图到麻省理工的教授马文·闵斯基，都把大脑看成相互竞争的多个实体，组成部分的数量不断变化。

我仅将人类大脑分成两个部分：前额皮层和"蜥蜴脑"。前额皮层会冷静地分析世界，而蜥蜴脑总想着买花哨的汽车、吃丰盛的食物、违背婚姻誓言，总的来说行动起来就像吃了类固醇的毛头小子。划分出蜥蜴脑是凸显自我控制的一个最重要事实——大脑不是一个单独而紧密结合的实体。看着一大堆薯条或其他诱人的垃圾食品，你会立即感觉到心里在打架：是让自己舒服还是做正确的事。

我的研究表明，蜥蜴脑是交易亏损的头号罪犯。"我们遇到敌人了，就是我们自己。"沃尔特·凯利在其连环漫画《宝高》中写道。同样，我们被联邦储备局、油价和腐败的CEO们赶着四处奔波时，通常都是自己跟自己在进行一场艰苦卓绝的金融战争。好消息是我们能控制自己的交易命运，因为我们的挑战来自内心，所以无论我们所处的环境如何，我们都能进步。那些能够理解、热爱并超越蜥蜴脑的人，会在一片市场喧嚣中发家致富。

蜥蜴脑：引起经济破产的机制

讨论大脑之前，要提醒自己我们还有机会，人们在金融市场搏击时，自然是输得惨不忍睹，因为我们直觉、自然的反应就是买高卖低，刚好与我们的目标相反。这种固有的疯狂做法对一些人不利，但给另一些人却带来了机遇。

在交易和投资的很多方面，我们显然都没有能够在机会来的时候抓住它。例如，1982年，标普股票的平均市盈率为7，道指不足1000，全球历史上最大的牛市即将来临。大多数人认识到这个机会了吗？绝对没有，股票被弃之如敝屣，只在人们的投资组合中占有小部分。《商业周刊》刊登了其声名狼藉的封面文章，封面上一个由股权证折叠的纸飞机坠毁了，警示语写到："将一辈子的积蓄买坚挺股票并用以养老的长久看法完全失去意义了。"20世纪80年代股票一文不值，成了过街老鼠。投资人错过了牛市的一大部分时间，尽在20世纪90年代后期开始大量买入，而那时下跌即将到来。

近几年，这种在金融市场完全做错的拙劣能力被仔细分析，并辅以更明显的数据。特伦斯·奥丁教授在一次研究中研究了成千上万个投资者的换股决定，即放弃一只股票而选取另一只股票。结果怎样？在换股后的12个月内，他们买的股票比放弃的股票低330个基点。

每个人好像注定要输钱，甚至是带给我们万有引力和微积分等科学奇迹的最伟大的牛顿爵士，也在他那个年代被卷入泡沫中。他参加了南海泡沫，并赔了一大笔。他起初获利退出了，但看到市场持续高歌猛进后，刚好在市场即将崩溃时又买回来了。

经历或许是最好的老师，但在金融市场上，仅仅靠时间积累不会让你改善业绩，即使是老手也总会犯错误。比如说，众所周知，开放基金的现金水平与市场动向相反，管理人如果担心市场下跌，就会设立现金安全垫，这是为了防备市场的系统性上涨——刚好与经理人的预计反向。

新手、专家和大师都可能会错失金融机会，这一现象堪称惊人，我们开始做交易的时候就带有天生的赔钱能力,为什么呢?对交易不利的一个重要因素就潜藏在蜥蜴脑里,这一点在对脑部受损病人进行的调查中有所表现。调查对象被要求支付1美元,然后就有50%的机会赢得2.5美元,他们有连续20次机会来决定干不干。每次冒险的回报是1.5美元,比不冒险多25%的资金。而且,同样的赌局有20次机会,赌上20次的盈利机会也只比压根不赌少13%。

在这个实验中要想赚最多的钱,正确的做法就是每次都赌。结果呢?脑部受损的病人采取了资金最大化的路线,决定赌一把的比例占到80%以上;一般参与者只明智地选择了50%的机会参与,因此,前者的获利更大。此外,一般参与人在其行动中表现出了所有让他们损失不菲的古怪行为,比如,获得连续盈利后更会变得缩手缩脚,在这种情况下根本说不通。

那我们能确定是大脑后部扰乱了一般投资人吗?是的。科学家总结了两类脑部受损病人,只有那些大脑情绪中心受损的人会做出正确的投资决策,大脑其他部分受损的人无法改正交易错误。因此在这个研究中我们有直接证据证明,蜥蜴脑造成了亏损决策。

大脑受损研究很有趣,但是个虚拟情景,那真正的交易人会因为情绪亏损吗?是的,麻省理工的罗闻全教授和德米特里·列宾直接到交易大厅圈了一群专家级交易员,测他们的体温、皮肤电传导和其他变量。两人报告称,获利更大的交易人在决策时,不动用强烈的情绪。虽然所有的交易人对新闻事件都会有一定的生理反应,但经验越丰富、获利越大的交易人比经验不足的同事较少产生极端情绪化的反应。

罗和列宾的报告结果显示后脑是产生交易决策的基地,但最近的神经经济学研究直接并科学地证实了蜥蜴脑在亏损中的角色。例如,最近一项研究将人放入脑部扫描核磁共振成像仪器中,让他们选择是要赚今天的钱还是未来的钱。设定的值是等待的回报率是非常高的,高达一年100%。要赚取最多的钱,争取的做法就是等待。

那调查对象的大脑是什么情况呢?前脑冷静地计算回报率,考虑是否推迟；蜥蜴脑则像个十几岁的孩子，说"我现在就要钱，现在就要，才不管什么将来呢。"后脑行动力较强的对象更容易冲动，因此回报较低。各种神经经济学研究都表明了这个结果：我们在做出让自己赔钱的愚蠢决定时，都是蜥蜴脑在作怪。

蜥蜴脑的逻辑

为什么后脑的目的是为了让我们错过市场机会？人类大脑的形成是为了吃、生存和繁衍，而不是为了交易。在大多数非市场环境下，过去就能很好预示未来，因此我们的蜥蜴脑是回顾性形态确认机器，这种设计在完成自然工作时效果卓著，即使工作异常复杂。

我们的祖先小群居生活，通过打猎和采集这种古老方式获取食物。蜥蜴脑特别擅长完成这些对我们祖先来说非常重要的工作。走进一个有20个陌生人的房间，看看你花多长时间找到其中最重要的人、最强大的人、最漂亮或吸引人的人，答案是不过数秒，这些分析都是在后脑进行的。

在社交环境下，信息和成功的关系往往变化甚少，过去如何做出好决策，未来也完全很可能同样奏效。因此，蜥蜴脑就是为了寻找过去有效的模式，但投资却没有类似的规则。比如说，我们是不是应该买入收入优异的股票，或许，前提是其他许多投资人也这么干，这样的话，这些公司的股价就会超过价值，我们最好的做法就是卖掉。

投资从根本上不同于许多原始的工作，投资不是要做过去很奏效的做法，而是要先他人一步，因此信息和正确行动路线之间没有稳定的关系。对投资来说，唯一的原则就是预测其他人在做什么，行动目的是能从他们的行动中获益。顺其自然行事或根据基本面数据利用固定规则的投资人往往会变成别人的猎物。蜥蜴脑对很多活动都很在行，但是会让我们在市场高峰（上涨后）时乐观，在市场低谷（下跌后）时悲观。

我们已经知道了一些让人不安的消息：我们受到蜥蜴脑的干扰，蜥蜴脑会让我们亏损，即使蜥蜴脑曾有利于我们的祖先，但也无法让今天想赚钱的我们抱有好感。

那就没一点好处？还真有，两个方面：一是其恰恰会造成其他人的非理性行为，从而给我们提供机会。如果有人愿意出一套房子的钱买一支郁金香——他们是郁金香狂，那卖郁金香的就赚发了。如果世界到处都是没有感情的机器人，那就没处赚钱了。二是，虽然不可能消灭蜥蜴脑，但有可能控制存在其中的冲动魔鬼，从而提高我们的业绩。为了赚钱，我建议采取三步程序，缩写为 WIN：

● 警惕，情绪反应就是敌人，别把损失怪在别人头上，审查自己的大脑。

● 调查损失的内部源头。从自己的交易中学习，知道自己的行为方式如何招致损失。

● 消除蜥蜴脑的作用。建立防止冲动行事的系统，虽说这不是万能做法，但直接来自对方式错误的自我检查。

蜥蜴脑是人脑的组成部分，无法永远消除，要想成功就需要理解和尊重掩藏在我们脑子里的非理性部分，用中校史波克①的话说，就是爱上蜥蜴脑并发家致富！

泰瑞·伯纳姆博士是阿凯迪恩资产管理公司的经济学负责人，著有《恶毒的市场与本能反应》（威立出版社，2005 年），在阿凯迪恩任职前，他在哈佛商学院担任经济学教授。通过 tburnham@acadian-asset.com 可以联系到他。本文首刊于 2005 年 10 的《SFO》。

---

① 电影《星际迷航》主角之一，译者注。

第四部分 交易头脑

第二十二章 训练大脑：利用直觉和理性交易

理查德·福利森

他身体前倾，眉毛盖住了一大半有些坡度的额头，眼睛聚精会神，多毛的手慢慢把一大片叶子拨到一边。当他看到猎物时眼睛瞪大了，这是一只大角鹿，鹿族的巨型先祖，鹿角之间足有10米长，他一动不动。

他闻到了熟悉的香味，但是很弱，5万年后的人是不会察觉的。他的大脑自动开始进行一连串的行为，虽然身体未动，但大脑的边缘系统向身体各部发送肾上腺素，而同时非关键功能则关闭，心脏剧烈跳动，就像是过山车，肌肉则接收到一股葡萄糖，大脑中的荷尔蒙瞬时释放，让他提高警惕。一根小树枝断了，他自动计算着距离、危险和时机，拿着长矛飞身而起，跳起刺中鹿的肩膀，扔起来刚好落在离原始尼安德特人几英寸远的灌木丛里。

快进5万年，他打开交易室的门，把拿铁咖啡放在键盘旁，敲了退出键，屏幕上显示出迷你股指期货的基点图和他买多的股票，看到标普指数上涨了3%后他笑了笑，看到最大的买多融资仓位下挫1.5美元时，眼睛就睁大了。

控制尼安德特猎人的大脑边缘系统也让现代的交易人产生了同样的生理反应。他快速浏览了一下新闻，但没什么消息，他又抓起鼠标点了股票代号，随后点了卖出按钮，确认窗口好像是以慢动作出现一样，"卖出10,000股XCOM看多？"他点了"确定"，成交价格很惨，10分钟后，股票交易因消息不明而原地徘徊。

救了尼安德特猎人一命的原始反应在边缘大脑幸存了下来，至今仍为我们效劳。这是不是说我们的大脑线路不适合做交易？能否利用闪电般快、肾上腺素涌动的边缘系统获得交易优势，就像那位喝拿铁的交易人？还是说，我们的目标就是驯化情绪化的"扁桃体大脑"，再利用理性大脑皮层交易？哪种大脑活动会产生最好的交易结果？大脑构成如何影响交易人取得成功？

神经人类学简单教程

人类大脑通过增强个体和种群存活能力的过程，已经经过了几百年的演变。大脑适应能力主要发生在狩猎、采集和部落生活过程中，当代人的大脑是一台令人惊叹的机器，但大脑还有一些残存部分，自从尼安德特人祖先穿过欧洲、亚洲和北非平原机型狩猎采集以来，就没怎么变过。

扁桃体位于相对原始的大脑边缘，是一个灰色的杏仁状物质，是大脑皮层最古老的部分，可以追溯到六七万年前。扁桃体本身能够以闪电般的速度运行，几乎不需要什么信息，信号或语言都不需要。在加剧状态下，扁桃体就像记忆黏合剂，让我们能够保留难过和害怕等情绪体验，会立刻做出是喜是恶的决定，并将这种个人偏好传输给外脑，给情感增加理性思考的因素。

包裹边缘大脑的是大脑皮层，构成了大脑的主体，并且是我们进行推理的核心，酝酿一切感觉，将其变成前提，告诉人现在发生了什么。大脑皮层控制高级程序，如逻辑、创造性思维、语言和感觉信息整合。额前皮质部分就像一个控制中心，拥有高密度的神经纤维和多巴胺（一种神经传递素），知道扁桃体要干什么，并能固定迅速反应，形成长期记忆，还能看到广泛的数据得出结论，进行预测，但其速度比扁桃体的"树枝断裂"反应慢。

只要在期货交易大厅忙碌的时候来看看，都容易看出投机人操作一般都用上了扁桃体，他们大喊大叫，骂声不断，见机行事，经常面红耳赤，额上青筋暴露。投机人扁桃体反应的新样式是报价板以及场内其他人的行为，这些红脸关公们不做长期交易，因此不需要大脑皮层费神。

但是，如果我们来到期权交易厅，期权估值的复杂性可并非扁桃体能应付得来的，介入期权或期货交易人如同步入丛林中，虽然他还是需要扁桃体做出的动物反应进行快速应对，但还需要大脑皮层正确评估不同期权协定价的价值。他可以看着账目表或期权价值运用大脑皮层做这种计算，大脑皮层已经计算过这些价值（稍稍借助了一下电脑），对场内各位下达指示："在这些价格以下买入期权，在这些价格以上卖出。"然后扁桃体会掌握主动权，失去理智，用直觉来回应经纪人的指令。

在场外交易人看来，电脑屏幕并不像交易场内那么血腥，但依然使用同样的原则。活跃的现场交易人会用大脑皮层规划交易方案并建立规则，但在交易活跃时，运用的往往是扁桃体。

最后的极端情况是，高科技商品交易顾问（CTA）不会出现大吵大嚷或抱怨连天，没有关公脸或青筋暴露，这些男人女人已经驯服了他们的扁桃体，完全动用了大脑皮层。实际上，这些人为了防止扁桃体产生的情绪偏离影响理性反应，会采取理性程序，并将其输入加密软件，这些软件会驱动电脑生成交易指令（众所周知不具备原始的情绪反应）。

输入处理

人如何用一个脑子管理这一系列反应？过程是这样的：感觉通过丘脑进行输入，数据会传递到扁桃体和大脑皮层。扁桃体会用12毫秒的回应速度对一小部分数据进行快速浏览，大脑皮层会接收所有信息，但需要两倍的时间。扁桃体将信息输出给大脑皮层，还会附带上一个情绪包装，联系到对危险事件形成的固定记忆，如果判断到风险数据，还会让身体准备好进行及时反应。扁桃体反应迅速，如果启动的话，会超过大脑皮层产生的控制（见图1）。

人类对信息的反应可以从感觉乏味一直到惊慌，关键是是否触动了扁桃体，别忘了，扁桃体能够把记忆（如创伤）固定到事件上，能够传递强度大的知觉和反应的短暂感觉，还能产生惊慌感。交易人的问题是如何管理这些反应。

期货交易大厅的期货经纪人，如果获取最近一月期货利益，每晚能以统一价格收盘回家，那就需要扁桃体。那些半路出家的交易人在这种环境中要比一些书读得好的哈佛 MBA 更如鱼得水，原因在于 MBA 们做每笔交易都要理性分析，花很长时间做决定，这就是常说的被分析所累。

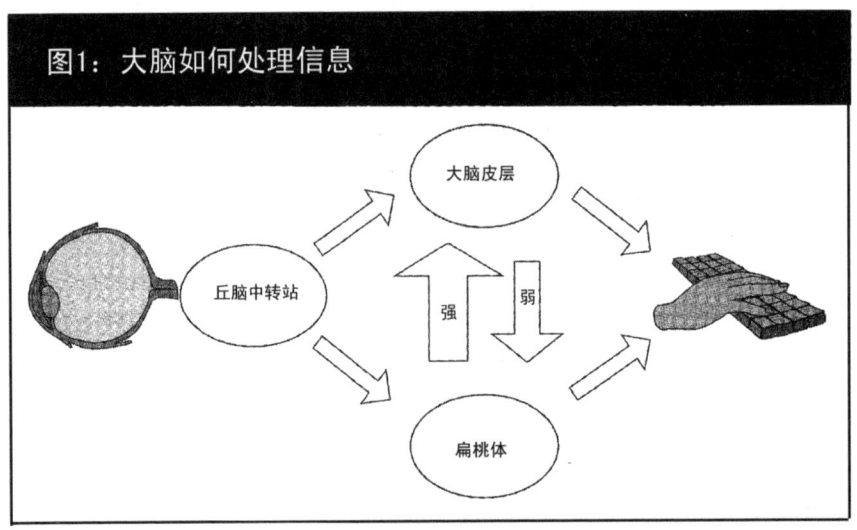

图1：大脑如何处理信息

离开现场去办公室在电脑上交易的不少交易人看起来茫然无措，他们也有同感。他们在现场习惯的所有"断枝"信号无从寻觅了，曾经交易成功的交易人必须学会用不同的大脑处理程序，这个过程痛苦漫长，但不能等闲视之。

改换大脑程序需要建立新的树突和神经路径。这种体验感觉很艰难，需要克服困难前进的纪律，类似于用手动挡汽车学开车，交易人要像新手一样必须有意识想到每个行动，直至建立神经路径，换挡成为自然而然的事。但一旦大脑程序和交易风格正确确定好，就可以提高交易成绩。

区分直觉和理性

在电脑前交易的活跃日间交易人既需要扁桃体又需要大脑皮层，但在扁桃体先启动时，很难用上大脑皮层。扁桃体不仅反应快，而且还直接链接大脑皮层，影响大脑皮层的活动。这时就要利用时间和地点区分功能。例如场内期货交易人如果在经纪人下单之前就计算出了交易风险，就不会执行交易。在交易之前就要做好计算，提前计算每个股票价格的期权价值。

一旦建仓，仓位就有风险。风险管理是风险经理的独立职责。大型公司会用不同的人处理不同的工作，来解决这个问题。但单枪匹马的交易人则必须一揽子全做，那么解决之道就是在扁桃体发挥功能之间和之后进行不同的大脑皮层理性分析。大脑皮层不仅会在不同的时间，而且会在不同的地点，甚至会针对不同的事件发挥功能，以此加强大脑功能的转换。对初学者来说，在计算仓位风险（或其他交易分析）时，可以带上个蓝帽子；在交易活跃市场时，带上个红帽子。调用大脑不同功能时带不同的帽子会形成巴普洛夫反应，帮助交易人根据不同的任务调用正确的大脑功能。

另一种极端情况是，系统交易人会想要在完成更重要的任务——例如在酒吧打架或跳伞时运用扁桃体。每个交易人都要知道扁桃体什么时候调用了，因为在情绪化状态下所做的决定非常可能会给好不容易建立起来的系统带来损失。提防心跳加速和手心出汗等警示信号，会让交易人警觉扁桃体掌握了主导，要提醒自己静一静，带上"蓝帽子"。

控制扁桃体

知道扁桃体向大脑皮层输送数据时会带有感情色彩，一旦发生这种情况，就很难知道大脑皮层接受的信息是直接信息，还是受到扁桃体的曲解。每个交易人都能注意到扁桃体被调用时出现的特征，更重要的是知道如何将其功能关闭。

有可能不向扁桃体发送会被其诠释为威胁的信息，从而避免扁桃体控制大脑，通过外部感觉也可以关闭扁桃体，但假设的威胁或不利条件也能轻而易举关闭扁桃体。每人都能回忆起生活中一件可怕或危险的事情，如抢劫或嫉妒，仅仅想起这些事情就能让大脑产生同样的生理反应，交易人则可以回忆起危险的交易经历，同样能加速心跳、汗湿手心。

交易人自身长期处于害怕或紧张情况下，就能产生类似战争疲劳那样的反应，恐惧就会慢慢有了自己的生命，在威胁消失后的很长时间内挥之不去，造成失眠和偏执。

假设两个交易人持仓量一样、风险一样、资金一样，同样面对不利的交易局面。其中一人开始陷入消极思维，想起了过去的失败经历，这些失败经历都是扁桃体的记忆细胞里的过去的消极情绪。另一个人则会想："哦，这还不有意思！"他会集中精力在意外事件和解决办法上。成功交易人会有意识地不去消极思考，避免触动扁桃体及产生恐惧心理。

改变心理过程的难度不言而喻，难就难在需要很多有意识的努力生成大量树突，形成新的神经通路，改变大脑反应。就像学习开手动挡汽车一样，形成新神经程序需要在路上花费时间。对能坚持的人来说，艰辛尽头总有光明，你有可能更有效地管理自己的大脑功能，获得更好的交易成果。

有效利用大脑的 5 个步骤：

1. 知道对何种交易类型利用哪部分大脑；
2. 永远知道在任何时间内哪种大脑功能处于主导地位；
3. 大脑功能改变时能实际改变时间、地点、帽子；
4. 避免产生恐惧和触动扁桃体反应的交易活动、仓位或风险；
5. 交易时保持思想愉悦。

思想愉悦？没错，每个人爱其所做时表现更好，因此培养对市场活动的爱好，接受其带来的意外，欣赏市场自身。教化和培训大脑会给有心的交易人带来优厚的回报。

理查德·福利森是公司培训师，创建了交易管理有限责任公司和 ePIT 系统公司，后者是为金融机构服务的软件公司。他将自己的治疗师和商人经验相结合，开发了阿尔法现象培训项目，向领导人传授绝对专注的力量，提高他们的公开演讲技巧。福利森就政治、商业和个人成长发表演说，并因此获奖。他曾在美林担任期货经纪人。他拥有临床心理学硕士学位，在旧金山完形学院接受培训，目前与妻子住在加州费尔法克斯郡，爱好骑着摩托者奔驰在席尔拉山的小路上。本文首刊于 2004 年 7 月的《SFO》。

第四部分 交易头脑

第二十三章 理性和激情

菲利帕·赫克尔

公元前 400 年，柏拉图认为人类行为是由理性和激情两匹马拉动的马车，根据理性所做的决策是认知性的，有理性和谨慎的思考，对利弊的仔细权衡，就像要解一道三角学问题一样经过逻辑思考。

而根据激情所做的决策有心理原因，是融合了直觉和情感的结果，例如，我们在受惊时会跳起来。人类的日常行为如果受到心理影响，就意味着我们有时会做出谨慎、从容的反应，而其他时候的反应则不假思索。

投资成功的认知性方法已经被总结成了公式，并在过去三百年间被证明是理性和明确的，简而言之，其中包括了形成制式化的资产分配方案、资产类别多样化和有步骤的调整资金组合。

虽然投资者能够理解这些方法的知识，但 DALBAR 公司根据在美国所做的全面年度调查编写的《投资者行为量化分析》总结出，普通投资者的收益大都不如其投资的市场的表现。这种落后不是智力原因，而是因为投资者的决策同时也是我们人类心理活动的结果。

神经科学家用核磁共振成像技术拍摄每秒钟的大脑活动，发现了两种独立的大脑活动类型，实际上也就是柏拉图所说的现实存在的"理性和激情"。神经科学家认为大脑的特定部分在我们进行分析时活跃，而其他部分在我们情绪化的时候活跃。

神经经济学和行为经济学解释了情绪心理对投资决策的影响。神经经济学从大脑的细胞和神经元突触研究我们在做投资决策时的身体状况，行为经济学则从心理学家的角度研究经济学，说明人们为什么经常粗心大意做出不理性的投资决策导致买高卖低，尽管他们心里想的正相反。因此认知性投资方法探求投资者应该做什么，而行为经济学要说明投资者的实际行为，神经经济学追寻原因。

第一直觉

情绪是我们心理的重要组成部分，其产生有生物上的原因，本质上是满足生存目的，是衡量我们所做的有利还是有害的重要内部行为（例如，在做明知不对的事情时有负罪感）。

情绪意在对所觉察的机会和威胁在第一时间做出行动反应，会根据环境触动的感觉或认知而产生，如一个特别的景象或声音、别人对待我们的方式，对交易人和投资者来说就是市场运行。

首要的投资目标就是在市场低价时买入，才能在市场上涨时卖出获利。因为投资有运行周期，积累财富的理智办法是利用周期运动，在周期处于低位时积累廉价资产，然后在周期高位时卖出。每个投资者都认识到重要的投资目标就是不断买低卖高。

但认知和心理各自对市场周期的反应存在矛盾之处，因为市场运行引发我们产生与直觉反向的情绪。投资者作为人，在市场上涨时会感到激动和狂喜，在市场低迷或下跌时会觉得丧气、焦急和慌乱。

从心理上说，市场处于高位（风险最大）时，人的本性就是高兴得难以自持要买多，而在市场底部（机会最好）时绝望得要退出、逃跑，以及抛、抛、抛。这些情绪一旦被激发起来，就很容易推翻投资人的认知思维。

自然高点和低点

神经学已经表明，我们体会的情绪都是由大脑释放的化学物质引起的。多巴胺的发现获得过奖章，这种化学物质会让我们对一些做得好的事情上瘾。多巴胺冲动会产生感觉愉悦的生理高潮，而且因为多巴胺感觉美妙，会促使我们重复产生多巴胺的行为，想要再次体会那种感觉。

但在重复出现高峰低谷的周期性投资世界，多巴胺不利于你做出明智决定，高歌猛进的市场早晚会下行，多巴胺会促使追求冲动的投资人愚蠢地买高，进入上行市场。

肾上腺素是能够帮助我们活命的化学物质，我们大脑中的扁桃体如果认为我们面临险境，就会分泌出肾上腺素，如果身体状况突然改变，肾上腺素就会分泌出来，启动我们最原始的保护系统：战斗或逃离。

面临危险时，情绪和认知反应所用的时间带给我们可能就是生死之别。从活命角度来说，把可能的危险当成真实情况处理，总比压根什么反应都没有要好得多。但投资决策并不是急速求生的问题。

要维持金融生命，我们就要在周期变化的环境中不断进行长期投资决策，但市场价格下跌还会让我们产生本能的难以遏制的冲动，要退出、离开、抛售、抛售、抛售。起因越真切、剧烈，扁桃体的反应越有爆发力，煽动性的财经头条和夸张的实时市场评论只能恶化这种情况，正因如此，市场低位时很难有人买入。

这些由化学物质带来的情绪不会让投资人冷静、慎重地买低卖高，反而会让他们对觉察到的损失小心防范，容易情绪化，稍不顺意（例如市场低迷或下跌）就转身离场，而在感觉好的时候（市场高位运行或上涨）追着不放，所以，虽然情绪是我们某些生活决策的重要指向，但在投资决策上却是糟糕透顶的参考。虽然我们不能不分泌这些化学物质，但我们可以采取措施弱化其影响。

认知方法

采取不断买低卖高的可靠投资方法，需要我们进行冷静、镇定的认知思考。更清楚了解思想和行为的复杂关系，我们就能知道人类心理的强大拉动力，就会对投资决策进行认知分析，抵消其影响：构建正式的资产分配算术权重、严格执行定义清晰、规定全面的调整资产组合原则从而坚持分配模型。

投资中的决策越平稳理性越好。投资本质上就是永无止境的买入、卖出或持有决策流，知道了我们在决策时脑子里是怎么想的，我们就更能控制应对之策，并最终进行更多的理性决策，得到更好的收获。

清晰的长期目标有了规划明确的方法支持，就会做出冷静、镇定、精心策划的应对，这是一生投资成功的必要条件。

菲利帕·赫克尔是菲利帕·赫克尔集团的创始人兼 CEO，该公司位于香港，是顶尖的投资咨询公司。赫克尔的讲话和文章时常出现在地区和国际媒体上，如《英国星期日泰晤士报》、美国消费者新闻与商业频道以及《亚洲华尔街日报》。她还给《透视》投稿，这是一家在 40 个国家拥有 5 千多名读者的线上杂志。该集团成功将古典经济学方法融入行为金融学的原则中，公司高度个性化的服务指导每个高净值客户获得稳健和持续的回报。这是本文在本刊首次发表。

第四部分 交易头脑

第二十四章 乔治·索罗斯:如何知其所知

弗里娃·赛巴利特博士
戴斯蒙德·曼克·雷

对华尔街圣坛上的偶像顶礼膜拜的不少人看来,亿万富翁乔治·索罗斯是19世纪最伟大的交易人。作为投机商,他一生无数次在恰当时机从市场上赚得金山银山的事迹,无人能望其项背,虽然他同时也难免犯过代价巨大的错误。无论是谁,只要在1969年量子基金横冲出世时投资上1000美元,到下世纪初,投资的年收益率总计超过30%,也就是约400万美元。他是怎么取得如此辉煌的成绩的?索罗斯将他的成功归因于一个理论和直觉的综合利用。

索罗斯对于市场如何运行理论的看法是,参与者的想法造就了自己的现实,这就使自我提升的过程最终变成自我战胜。索罗斯称,他的身体会发送信号,告诉他如何交易:自我提升的训练会让他胃口大开,嘴流口水;如果需要投资组合,他的背就会疼。他的身体"知道"他是需要采取行动,还是要审时度势再机智行事。

索罗斯的理论和身体协同工作的方式,在大多数人来看还是个谜。既然搞不明白他的理论,他们就错误采信了他儿子罗伯特的著名言论,认为索罗斯就是靠直觉交易的:

"我父亲会坐下来,然后告诉你一些理论,说明他为什么这么做或那么做。但我小时候见过真相,而且觉得他说的至少一半都是狗屁。我是说,你只知道他改变仓位或如何如何是因为他的背疼得要死,但根本不是因为这个，他根本就是人已经抽筋了，这就是早期警告信号。"①

把经济状况和直觉联系起来，说实在的，并不容易。大多数经济学家对市场的看法只是对信息进行了一个加工，他们好像相信一个理智的经济人就是一台电脑，根本没有知觉。

电脑严格遵守原则。但严守原则只有在完全确定的环境下才有道理可言，事情过去如何发生，将来也如何发生。大多数的经济模型都假设不确定性不存在，只因为不确定性不像概率风险那样能够量化，但对于索罗斯来说，不确定性就是交易的本性。

易错本性

交易人最坚信的一个认识是市场永远是对的，但乔治·索罗斯的观点恰恰相反，认为市场永远是错的。他认为，我们对世界形成的看法不可能没有一点扭曲，所有的心理认识构成因素——模型、理论、假设和系统都有可能而且往往的确不是完美无缺的，即使含有重要的事实成分，但还是扭曲了真相。

市场真相是错综复杂的一个网，由相互连接、彼此依赖的过程或系统构成，其复杂程度不是任何一个市场模型能描述的。任何一个市场假设都是根据一个"切面"或一小段事实提出的。

现实的任何一个片段都不是独一无二的，也不是永恒不变的，因此所有的假设都有瑕疵，原因有二：其一，一个认识并不能涵盖所有的事实；其二，现实并非一成不变，今天有用的一个片段在明天就不一定有用，现实本身就不停变化。

我们建仓后就是检验一种假设，这种假设可以简单到"价格即将上涨或下跌"，或是复杂到全球经济体之间的关系。但市场本身就可以看作是不断调整和测试假设。如果一种假设错误，市场就采取另一种假设。市场的假设是对目前现实综合认识的一个切面，因为市场总是有偏见的，所以

---

① 《亿万身价救世主的生活与时代》，作者：迈克尔·考夫曼（克诺夫出版社，2002年，第140页）。

就总是错的。

索罗斯不仅认为市场总是错的,他还认为他自己的假设也总是玉中有瑕,大多数人都是向着正确的观点去投资,而不想承认自己错了,但索罗斯的想法恰恰相反。在他的著作《全球资本主义危机:开放社会受威胁》(公共事务出版社,1998年)中称,"我以发现错误为乐。"

他在《索罗斯自述》(John Wiley & Sons Inc,1995年)中表示,"一旦我们认识到人不可能万事皆通,错了就没什么不好意思了,除非是不改正错误。"

易犯错的天性在心理学上是一条颠扑不灭的原则,避免索罗斯把自己抬高到人类无法达到的标准,不会出现自信危机。对大多数人来说,有可能错的认识会让人胆战心惊,增加焦虑感,而索罗斯只有在他没发现投资假设的错误时才着急。他不停地找错,找不到就背疼。一旦知道了错误,他就心安了,他就有了先机。发现错误和认识中的遗漏,能让他立即因错误想法而赢得大大小小的利润,也能让他及时止损。索罗斯和其他大多数交易人的区别就是他认可人类的弱点,因此他会在假设错误的指导下开始交易。

虽然市场总是错的,但不是说就应该逆大势而行。索罗斯发现了投资或交易理论里的错误后,并不是置之不理,而是用其来帮助自己增强交易信心,因为他知道哪里错了,而市场还不知道。找出错误让他在转向时领先一步。

找错

"找错会物有所值。"索罗斯在其著作《金融炼金术》(西蒙与舒斯特公司,1987年)中表示。交易理论有遗漏不是说索罗斯不会据此投资,只要他相信有人相信这个假设,并且有一大群人可能相信这一假设有效就行。那么一个价值千金的问题就是:我们怎么发现错误?

索罗斯结合理论和直觉来发现错误,这就有点难以捉摸了,因为理论和直觉通常被认为是彼此排斥的,这一点可能是经济学家和交易人难得达成一致的观点之一。经济学家认为直觉是非理性的,大多数交易人认为,直觉和理论彼此针锋相对。交易人用到直觉时,就会践踏自己的方法论。但在索罗斯的方法里,理论和直觉联系得难解难分,虽然索罗斯自己也说不出所以然。

出现反身

传统经济学家认为市场是有效的。在有效市场,价格会不偏不倚反映基本面的价值,如果对理性估计的基本面稍有偏离,就会向另一个方向运行进行自我纠正。但索罗斯不同意这么说。他反而认为参与者思维和他们所观察到的现实会相互反馈,他把这种循环关系称为"反身"。

反身理论认为,市场都存在偏见,价格不可能是中立的估计,因为价格实际上是帮助人们描述希望价格反应的基本面情况。

反身给系统带来了不确定性,所以索罗斯说,不能用自然科学的方法预测市场行为,正因如此他的书名用了"炼金术"这个词。

索罗斯想用反身理论解释趋势是如何形成的、又是什么造成了趋势反转。理论无法告诉他抓住趋势或反转的原则和信号,但的确告诉他该注意哪些地方,实际上也就是告诉他市场是如何形成参与人看到的现状的,美国长期资本管理公司的破产恰好就可以说明这一点。该公司所有人诺贝尔奖得主罗伯特·莫顿和迈伦·斯科尔斯认为,他们能够用科学方法测试自己的风险,模型没有预测出来的交易,就不会实际出现。

获利机会

索罗斯发现,他获利最大的机会出现在市场趋势在初期支持流行观点的时候。20世纪60年代集团企业遍地开花就是一个经典案例,当时的主流认识非常重视盈利增长,而不看其他基本面,因此市场对增长高于平均水平的公司看好。股票价格增长了,这些公司就用增长的股票价值购买其他公司,从而提高收益。这种做法反过来坚定了主流观点,支持股价进一步上涨,如此反复,趋势也获得了动能,直到公司的业绩无法负担投资者的期望为止。

这里的美中不足就是，只有收购继续推动增长时，才能支持这种上涨。因此在里斯科公司无法收购化学银行时，拐点出现了，这种做法的漏洞被公之于众。

漏洞的种类千变万化，因为每种条件都独具一格。漏洞的实质要根据主流观点的性质、市场类型和其他很多可变因素决定。寻找漏洞没有定法，但我可以告诉你索罗斯是在哪发现的，漏洞一直掩藏在更宏观的环境中。

渐变思维

市场行为当然都发生在相互关联的经济过程所组成的错综复杂的网中，不是发生在真空里，任何市场假说仅仅来源于不断发展的多层次网中的一个切面或一个片段。

市场无疑有看得见的一面，趋势当然是有目共睹的，就像是联合企业和科技企业浪潮，主流观点首先会得到确认。但同时，市场还与一个更大更复杂的经济网发生互动，在更宏观的条件下带来变化，而这一时还看不出来。索罗斯就是在这个暂时看不到的隐含层次上发现漏洞的。

索罗斯不知道怎么解释这种理论是如何应用的，因为一旦宏观环境中的新事实展现在大家眼前时，其看起来就好像一直存在一样，事后看起来就好像是大家只是一直对其无视或轻视了。但实际上在索罗斯寻找这些新事实时，它们还在形成当中，大众根本不是忽视了，而是这些事实还不存在。

现实中，宏观环境的演变从未被任何市场模型完全捕捉到。"真实"市场的一些特别切面与宏观环境之间一直存在差距，从正在发生的变化和主流观点之间的差距中，索罗斯发现了漏洞。

领会市场心理

大多数交易方法强调置身事外的重要性，但乔治·索罗斯不吃这一套。"我作为资金管理人,对管理基金全情投入,"索罗斯在《金融炼金术》(西蒙与舒斯特公司,1987年)的前言中写到,"我管理基金时,就好像我就指望着它活命,而且的确如此。在面对不确定时,我就靠本能、直觉以及我的理解指导我。"

心念相通能够产生情感共鸣,这是一种生物本能。例如,婴儿看到另一个婴儿摔倒就会哭,我们与另一个人感同身受时,我们的身体会追踪另一个人的内心并进行模仿。

虽然大多数交易人不知道如何利用,但跟踪市场情绪和形态的能力也是一种本能。这种能力是一种机制,让我们能够处理复杂和不确定的情况。如果交易员与市场心理产生共鸣,他在生理上就会模仿市场情绪,对大多数交易人来说,这会导致被大众牵着鼻子走。要学会如何将身体反映转变为信息,就先要像索罗斯那样学会倾听。

倾听

大多数人在倾听这件事上做的都一团糟。比如朋友告诉你他或她目前的状况,你反过来表达了自己的看法,并提供了最好的建议。但你朋友不高兴了,说:"你压根就没听我说。"想想看,你真的不知道你朋友在说什么。不少人都不会听,而是直接下结论,自以为是的观点蒙蔽了他们的耳朵。

好听众本身就有同情心,他们暂时收起评论,不立即打断,而是建立一种倾听的感觉,这不是说他们没有自己的想法,只是会先把想法放在一边,听听他们可能不知道的情况。

如果你真有同情心,你的生理软件——你的身体就与你听到的意思产生共鸣。先有共鸣,后有想法、诠释或分析。要假设你听到的内容不止你原先认为的——即使你还不知道"不止"在哪。这起先会是个让人不舒服的未知数。你的身体会形成一个含义,包括了整个情况,不仅有你之前知道的,还有你尚不知道的。

倾听市场同样要求能够暂时放下评论,保持迷惑不解,先别对结果加入自己的臆断事情就好办些。学习如何与市场心理感同身受的第一步就是先练习听，别做决定。

大多数交易人不知道自己对市场环境的身体感觉与情绪有什么区别，市场的身体感觉本身不是情绪。情绪往往会深刻明确感受到，而身体感觉更复杂，刚开始比较隐晦，包含潜意识认识的身体感觉很难获得，因为我们首先体会到的是情绪，我们有感觉的时候情绪就蹦出来了，我们必须通过情绪才能获得更深层次的身体认识。

自信偏见

对于交易人来说，如果因为欠缺某些知识而心慌，那么这种习惯性反应就会阻碍他们获得更深层次的身体知识。如果无法忍受不确定性，就会表现出两种倾向：第一就是否认，过于自信而忽视我们无知的事实；第二个倾向就是退缩，这时交易人一直都知道不确定性，实际上必须知道，但这让他们害怕采取行动，容易提前放弃，他们的自信就崩溃了。这种自信偏见破坏了交易人对市场环境的感觉，无法看到未来是否会与自己希望或害怕的情况不同，无法从已知推断出未知。

一般每个交易人心里都有这些将人向前推和向后拉的反向作用力，就像每个交易人潜意识里都有一个过度自信、贪婪，或满怀希望和恐惧的自我。第一个自我跃跃欲试、毫无疑问且急于行动；第二个自我战战兢兢，害怕做决定、对结果忧心忡忡。

受这种偏见影响的交易人逃不脱这两种倾向，非此即彼，来来回回，心里进行着激战，自己都无法控制。他会在两个方向上被前推后拉，最后有一个倾向胜出，替他做了决定。从这种过程中解脱出来才行。

不少人需要一些指导才能完全区别开直觉和情感偏见。与任何学习过程一样，你要知道该注意什么。如果你的滑雪教练在帐篷里告诉你如何施展一种技巧，然后你自己出去实践，很难知道你是否应用正确了，自己很难做出必要的调整。当然克服困难有很多细节和办法，但这里无法涉及。但如果你能同时感觉到两种倾向，就走对路了！别把你的希望和恐惧强加到感觉中，真实地感受市场心理，与其同步。

在交易中自省

现在，华尔街上的大多数赞成者认为自己是"自省派"，因为他们只要看看其他交易人的想法和状况就能了解市场和经济事件。市场参与者都是根据自己的设想采取行动，这些设想又来自于自己的看法、模型或理论。他们的决定影响了价格行为，反过来，市场也会影响参与者关注的变量，既有与价格行为有关的变量，还有基本面的变量，两者又形成了交易人的新设想。

自省不是那么快能被接受的，所以索罗斯用直觉。另一个原因是自省与大多数交易人观察市场的多种方法相反。这些传统方法主要有三类：第一种方法衍生于建立在均衡经济学基础上的现代投资组合理论，这是占有市场大比重交易量的指数基金广泛使用的根基；第二类方法是基本面分析；第三种是技术分析。了解索罗斯对每种方法的评论有助于更容易掌握自省方法。

与均衡经济学无关

现代投资组合理论和基本面分析都根植于传统经济均衡理论。索罗斯在第一版《金融炼金术》和该书的新引言中知无不言地详细解释了均衡理论如何错误描绘了金融市场。

均衡理论在金融市场上应用的思维，与经典物理学家在描述物理现象，如星体运动时运用的思维相同，该理论假设金融资产有一个客观的基本价值，由真实经济中的供求条件决定。就像星体的轨道，不受天文学家理论的影响，假象的基本价值也独立于金融市场参与者的认识。在均衡理论中，市场价格是隐含的基本现实的被动反应，也即是说，市场价值直接反映了基本面，而不会有任何影响。

但市场现实并不像星体的轨道那样独立，能完全不受我们预测影响。有了动脑筋的参与者，条件就不一样了。金融市场的参与者尽力打消还不存在的未来影响，未来到时会变成什么现实在于市场目前埋单的程度。当前的认知会决定未来，如果市场参与者改变了自己的想法，就会对未来有不同的设想。

自省也增加了系统的不确定性，传统经济学认为这种不确定性不存在，从而造成我们无法理解现实社会。

市场有效性和指数化

经济学家真的以为均衡理论适用于现实社会吗？答案对曾经做过交易的任何人来说可能很出乎意料，就是绝大部分都适用。有效市场理论的支持者称，市场价格真实反映了基本面价值的预计，对理性预计的基本面稍有偏离，就向另一个方向上运行，进行自我更正。

这就是现代投资组合理论背后的逻辑，如果价格一直反映基本面，市场就无法战胜，因此大家都应该投资指数基金，按照这种想法，索罗斯的超级业绩和其他著名交易人和投资人，如约翰·邓普顿爵士、沃伦·巴菲特和保罗·都铎·琼斯的盈利靠的都是运气。

金融经济学家投入了大量的时间、精力和研究经费收集支持市场有效性理论的证据，他们广泛测试了大量以基本面和技术原则为基础的策略。在大多数情况下，他们将调查结果作为证据，认为市场的确是有效的。但以原则为基础的策略落后于市场平均水平不能说价格就反映了基本面，你也不能靠机缘来打败市场，只能意味着依赖他们测试的方法无法战胜市场，索罗斯举双手赞成。

基本面分析

基本面分析是均衡理论的产物，前者假设股票有一个真实或基本价格，与其现行市场价格不同。市场价格应一直向基本价值靠近，但并非像有效市场理论假设的那样立即靠近，而是有一个过程。基本价值分析应该会告诉你哪些股票被高估了或被低估了，因此会指导投资决策。

基本面分析假设价格和公司的存在正向关联，公司的财富迟早决定市场交易的股票价格，使股市动向有可能影响公司资产的可能性被抛在脑后。

但股市价值的确会通过股票发行和回购以及期权和合并、收购、新股发行等类似公司业务直接影响潜在价值。对价值产生间接影响的因素包括信用评级、消费者欢迎程度、管理层的信誉，基本面分析认为这些因素会影响股票价格，但看不出来股价对这些因素的影响。这个概念漏洞削弱了基本面分析帮你赚钱的能力，例如，传统基本面分析师错过了在泡沫期间赚钱的机会。

这种情况也发生在货币和其他金融市场。市场价格和基本面之间的关系一直是双向的，在确定市场价格和非市场经济事件过程中，参与者的预期是个活跃因素。

技术分析

技术分析试图通过研究价格运行的活跃程度和市场运行的形态来预测价格波动，通过比较相似运行形态的不同情况预测概率。与基本面分析不同的是，技术分析并未受到经济均衡理论缺点的局限。

趋势分析是索罗斯策略中的重要内容。他认为基点上行和下行都是价格趋势的重要预示，因为两者都是反映供求力量的信息。

但技术分析的局限在于金融市场不是封闭系统，市场总与更宏大的经济体系互动，并不断从外界接收新信息，这就意味着交易人不可能认为他能根据过去数据的机械加工预测出未来，连很可能的估计都不可能！

根据过去经验计算概率的技术方法在出现的每个特别情况下都失去了意义，这就是为什么每个交易人必须运用当时条件下的身体感觉，辅助交易人所用的任何交易系统。

趋势形态和反转

索罗斯的方法一方面会涉及解读市场心理，这是技术分析要做的；另一方面还会注意经济关系，这是基本面分析要做的，但他的方法不受制于任何一个方法的缺陷。

索罗斯的方法首先会针对参与者的观点，参与者的观点会促使趋势形成，索罗斯刚开始会跟随这个趋势，但他会接着寻找趋势后主流理论根据的缺陷。当然市场参与者会有不同的看法，并根据不同的方法做决策，但一定要记住，要想形成强有力的趋势，必须在不同类别的参与者中达成共识，例如在看重基本面的参与者和技术派趋势跟随者中达成共识。在市场假设中找缺陷使索罗斯在市场转向前先行一步——他依然是跟随趋势，但时时警惕引起反转的因素。

在反身情况下，市场趋势起初会与大众观点一致，两者彼此相互加强，但趋势也会有无心插柳的后果，会影响传统观点并未考虑的经济关系。在这种潜在程度上，市场行为就会产生一种影响，最终是趋势无力为继。

经济繁荣与萧条的交替循环

经济繁荣与萧条交替循环的结果是反身发挥效力的最戏剧化范例。索罗斯的经济繁荣与萧条的交替循环结构有七个层次：

1. 主流观点已经出现，但趋势还未显现；
2. 加速阶段：此时趋势显现，并受到主流观点巩固；
3. 测试阶段：价格受挫，如果观点和趋势坚守，价格表现强劲，更胜从前，变得更加夸张；
4. 真相阶段：显示无法维持这些夸张的价格预期；
5. 衰落阶段：人们继续参与，但无法坚信，希望钓到傻瓜让自己退出；
6. 跨越点：趋势向下，再笨的人也放弃希望了；
7. 崩溃：价格在反方向上快速、灾难性地加速运行。

在互联网盛行期间，这种结果开始时不易觉察，只有几家电子商务公司上市，其股票被公众捧得高高在上，股票被追捧也促进了公司的发展。主流观点和主流趋势彼此相互加强，加速了互联网的风行。

随着互联网服务的遍地开花，线上交易呈指数增长，估值惊人。几乎没什么公司真正盈利，但投资人置若罔闻，他们只看客户量或申购量，将其作为估值的基础。这些公司开始外包，因为客户基数增大，他们能以更有利的条件获得投资，公司都不管利益，都去争取投资了。

1999年7月《华尔街日报》爆出这种把戏后，趋势受到考验，同时许多上市公司的锁定期期满，投资人开始抛售，互联网股票应声下跌超过一半，但很多股票收复失地，一些还创出新高，预测再次被鼓动起来，然而2000年3月互联网泡沫破裂。电子商务公司无法以以前的高价卖出股票，没有资金支持增长，市场的目光随之转向其他板块，如电信，但最后还是同样崩盘。反身不是例外情况，而是规则，不仅在泡沫这样的极端情况下生效，在所有情况下都生效。反身派会在主流观点——而不是市场行为影响参与者决策的变量时，寻求机会，这些变量要么没被预测到，要么是在最初并未显现。

我们来看一个最近的反身获利机会。

风险管理模式

索罗斯在新版《金融炼金术》（威立出版社，2003年）中表示，反身获利机会与风险管理系统存在联系，但他并未深入讨论。其工作原理如下：

每次产生大型华尔街公司时，就会创造出新的"改良"风险管理理论和算法来防止未来损失。因为华尔街是个相当小的圈子，保险的做法是如果一个大型公司用了一个程序，其他公司也用相同的程序；因为大多数大型公司在重大运行上总是意见一致，因此他们有相似的风险管理系统，这就能够被反身派利用。

假设大家都看多一只股票，该股票一直被逐渐拉上来，波动性很小，假定机构都是重仓。突然，一个突发事件加大了隐含的波动性，风险模式突然同时向这些公司显示要卖出这只股票，降低仓位。公司卖出，价格下跌。高明的反身派预计到这些公司的风险模式可能会启动卖出，他们就开

第四部分 交易头脑

始买空，然后在价格下跌时平仓，大赚一笔。交易成功的基础是要理解大局。反身能让我们洞察大幅运行的走向，让你对做交易更自信。

索罗斯是宏观投资者，这一点本身就让他领先一步。大多数市场参与者并没有索罗斯具有的跨越众多生产线、产业或市场的资源或经验。但你并非必须是个宏观投资者或基本面交易人，才能运用反身提高交易。为此，你要看的不仅是市场，还有影响市场的市场参与者的思维。

如果你能知道正在操纵（你所交易市场的）价格的重要玩家，且能知道他们的决策根据，你就赢得了先机。找一下人人因为同一原因一致行动的情况，然后找找这种推理的缺陷。

要是有一些强硬、快捷的原则，能够判断在哪些情况下大家都基于同一原因同一行动就再好不过了，但的确没有什么原则，你必须要和市场心意相通，然后，有些时候会通过价格和交易量以及消息，知道资金流向。

举个例子，密切跟踪股票的基金经理通常会知道，股市上涨是因为有消息还是日交易人抬高价格致使对冲基金不得不填空仓，而且一些市场的确比其他市场容易操作，商品市场可能就容易点，一方面你知道有对冲需求的参与者，另一方面技术交易人往往追随趋势。有时债券市场也是这样，反身派知道房利美和房地美有持期问题必须卖出，因此反身派会买空债券；在货币市场，央行是大玩家，等等。

另一发现大家因为同样原因一致行动的方法是媒体上的众口一词。大家看到的都是一样的新闻，就是说大家对于事情发生原因的看法相同，而且也会继续保持相同观点，有时候这种情况特别突出。例如，股票有时候受到一些分析师的强烈推荐，需求就会产生，然后反过来被趋势追随者推波助澜，以此类推。

大家都盯着上行的时候，就要留意下行；大家都盯着下行的时候，就要留意上行。自己找找大众没有看到的东西，有什么消息会改变一般市场参与者的看法。

无论你对理论原则理解得多好，如果不知道如何调动身体了解反身包含的知识，反身对你也没有用。反身就是发现游戏原则的变化，但其中没有定法。

  市场机会要看条件，这就是说，你要依靠你身体对市场条件的感觉进行分析。这里讲述的方法有助于你慢慢了解乔治·索罗斯如何知道他知道的信息，尽管他再三告诉我们他用了直觉。

  弗里娃·赛巴利特（Flavia Cymbalista）博士是不确定性专家，是专门研究市场心理和不确定性心理的金融经济学家，帮助基金经理、交易人、投资人和其他商业人士提高决策质量。她利用世界著名的哲学家、心理学家尤金·根德林（Eugene Gendlin）博士的成果，开发了名为 MarketFocusing 的方法，将直觉和逻辑结合提高市场决策。本章就是根据她的学术论文《乔治·索罗斯如何知其所知》改编而成，论文全文参见她的网站 www.marketfocusing.com。赛巴利特从柏林自由大学获得经济学博士学位，并在伯克利加利福尼亚大学进行博士后研究。其专著包括《论在不确定条件下进行理性估值的不可能性》，于德国出版。她的联系方法 flavia@marketfocusing.com。

  戴斯蒙德·曼克·雷是驻纽约的商业作家，专注银行、金融和投资，联系方式是 desmondmacrae@nyn.rr.com。本文多种版本见 2003 年 7 月到 11 月的《SFO》。

第五部分　创造健康的平衡状态

获得生活平衡是每个人的重要目标，对那些在交易这样的高压行业谋生的人来说，这一点至关重要。何时才是个够？你生活的一切最终都会在你的交易中表现出来。学习如何在电脑前找回你的生活能够帮你丰衣足食，还能提高你的健康状况、人际关系和家庭生活。

我们会帮你探讨哪种交易分析周期最适合你。虽然大多数职场人习惯于早九晚五的生活，但最好的交易不一定就是要在电脑前坐 8 个小时。找到一天中你最好的交易时间（并降低交易时间）可能的确会改善结果。

很容易认为顶级交易人有种特殊品牌的心理魔术，促使他们成功，但说实话，他们都是平常人，即使最有经验的交易人，也同样需要精神手段和原则避免倾家荡产、被踢出局。我们在这一部分会从顶级交易人——包括琳达·布拉福德·拉斯奇克、约翰·卡特和亚迪恩·拉瑞斯·托福瑞那里学习平衡生活的至理名言。

与大众的看法相反的是，生活和交易能够和谐共处，我们会介绍一些秘诀帮你慢慢找到平衡，包括神通广大的积极思维、说出并消除自己的恐惧情绪、养成有效的习惯和规矩。重获平衡生活有助于你既能更有效管理交易，又能欣赏让生活更有价值的细微之处。

第二十五章　全职交易：可有闲暇生活？

亚迪恩·拉瑞斯·托福瑞

交易界现在可以说是有 24 小时开放的市场，全职交易可以理解为每个工作日拼死拼活 16 小时，也可以是每天只工作一小时，或两者之间的任何时间。重要的是要知道对你合适的时间段，让你既能获得最大的交易收益，又能保持平衡的生活。不少交易人深信，他们应该给交易留出一定量的时间，结果则是，他们留的时间不是太长就是太短，无法获取最好的结果。

与任何回报巨大的职业一样，要想成为持续盈利交易人同样需要付出时间和精力。很多交易人的问题是投入大量时间的做法已经积习难改，他们开始认为如果不坚持那么长时间，就会影响交易结果。当然在学习成为交易人的过程中，付出大量时间学习值得称道，但如果交易人不断给自己施压，不平衡的生活就会给交易结果带来负面影响。交易人要保持长期的优异表现，他就必须在健康、情绪、精神和社交上保持平衡，简而言之，他必须也有交易外的生活。

并非一定如此

古老的职业道德让你认为要想以工作谋生，就必须每天至少工作 8 小时。我观察客户发现，不用做那么多小时的交易，赚的钱甚至更多。

当我向一位客户重复了一遍他一天的交易活动后，他开始意识到一个显而易见的结论：要提高利用时间的效率。举个例子，罗恩多年在交易所场内交易，他非常勤奋，10 年来只要开市他就在交易所。尽管他也不断赚钱，但场内的工作搭上了他的身体，交易对他来说已经无乐趣可言。

他告诉我："是的，有时候我觉得下午去根本就是浪费时间，反倒是赔进去了不少我早上赚的钱，我累的时候就无法应付波动局面。"我问他："如果近5年下午不交易，你能想象是什么结果吗？"他说："老天，那就是两倍的钱，或者更多。"

现在罗恩只在上午交易，其余时间则是去健身房，去湖边喂喂鸭子，而且也比以前赚得更多了，对交易的兴趣又回来了。

改进自己系统或方法的最好办法就是在一段时间内一直遵守自己的原则。形态会出现，告诉你在什么时间和地点获利最大。有时候，交易人站得太近反而看不到自己。汤姆的例子就告诉我们，他以前根本不想注意那些显而易见的事情。

汤姆交易两个分析周期，长期分析周期交易用来支持短期交易以及他的生活。我让汤姆好好审视一下自己，让他明白自己日交易有赌博性质，他决定选择借助计算机交易，而不是靠自己的冲动。现在他每天工作一小时，进行长期仓位交易，赚取的收益反而是原来一天的量。

少即是多

交易人是借鉴他们的父母、老师、同龄人和其他交易人，决定合适的工作时间量，大多数人都不知道不少优秀交易人干得少赚得多。同样的建议，他们不愿意相信自己的家人，而愿意相信像我这样的交易人教练。举例如下：

马蒂刚开始交易时就犯了很多错误，让他所失不菲。有了前车之鉴，他觉得在做最后决策之前必须三思。我问他在确认有机会之前看几次图表，他的回答是"就一次"。马蒂最终认识到他不必非得三省吾身，在分析市场上少费点时间也没什么。他现在实际上赚得更多了，压力少了，与家人和朋友的时间多了。

对一些交易人来说，生活中没有比看交易屏幕更让人激动的事了。痴迷这种高强度工作的人对交易寸步不离，除非有其他的事情同样急需解决。这儿就有个例子：

蒂姆曾经有妻子儿女，参加社区活动，培养兴趣活动，有张有弛的生活很幸福。但一直指导他参加各项活动的妻子去世了，孩子们也出去各自独立谋生，蒂姆自己则茫然不知所措了。他待在电脑前的时间越来越长，最后别的什么事都不干了。他怀念过去那种生活，但除了交易他对什么都不感兴趣了。我给他服务的时候，指定他每周必须完成的任务，起先他并不情愿，说我的建议还不如坐下来看电脑有意思。有个礼拜，一些老朋友邀请他去参加聚会，一般他都不去，但我坚持让他参加，就当是完成每周作业。在聚会上，他碰到了一位女士，非常像他妻子，社交生活非常活跃，随后继任成为他的社交生活指导，他则回到了原来的生活平衡中，每天交易6小时，不再是16小时，赚的钱一个不少，如果不是更多的话。

如果一个家庭成员一天工作10到10小时，可能赚的钱是家里做交易的人的一半，那么他们的爱人根本就没把时间花在加强关系上，这可能就是问题。不少交易人之所以在电脑前浪费时间是不想去跑腿或做家庭主夫，如果不整天坐在电脑前，他们就得去做。下面就是这样一个例子：

琳达一直不满做交易的丈夫哈利不给家里帮把手。我建议哈利让琳达给他列个家务清单，并同意只要哈利干完这些就放他自由，哈利则找人帮他干了大部分杂事。最后哈利工作时间少了，压力减少，收入却增加了，而且轻易就解决了找帮手的开支。

每个交易人因为注意力被分散而错过了大交易，都会挑起一场战争，因此交易人会在电脑前一动不动几个小时等着逮到大交易。我所认识的大部分优秀交易人都不会想暴富，而是在日常交易中不断兑现利润。这些交易人自由享受生活的高品质节奏，而在做交易时又全心投入。这种策略不会酝酿出大多数寸步不离交易的交易人形成的紧张情绪。比如说：

乔的确有次因为被妻子拉去度假而错过了一笔大交易；他的确有次下午生病错过了另一笔大交易。他还能说出很多漏掉的大交易。他在电脑前的时间太长而交易过度，没抓住赚取小利润的机会。我让乔放弃50%的交易，每天工作4个小时，一个月后看看结果。他心不甘情不愿地接受了我

第五部分　创造健康的平衡状态

的建议，放弃了 20%的正常交易，每天工作 6 小时，那个月他的收益创了新高。虽然他心里不乐意，但利润就是有力的证据，证明他就是因为盯着屏幕找下一个大交易才错过了更大的利润。

阿尔伯特习惯密切注意自己的止损，他经常在认为快接近止损、市场即将反弹时，降低止损点，但如果犯错并赔钱，他就想不开。他强迫自己白天的大部分时间都要盯着屏幕，有时甚至熬通宵。阿尔伯特筋疲力尽，精神崩溃。他向我诉说他的问题时，我指出了显而易见的事实。为了让他建立自信，他必须遵守自己的止损点，才能放心离开电脑。我建议他遵守自己的计划。他需要想一想原则的意外情况，并回溯测试一下所有的持仓情况，看看如果执行最初计划会有何种结果。他发现，如果一直坚持原来的止损，他会赚得更多。我们还研究了他害怕犯错的问题，还一起进行心理演示，让他按照原则交易、坚持最初的止损而心理不觉得难受。现在他能离开电脑，自信自己的止损设置最适合自己的方法。因为做出了更好的决定，阿尔伯特每天工作 4 小时，休息充分。

你可以用下面一些问题培训自己，有利于认清自己是否利用了合适的时间，并带来了最好的结果：

- 为什么要工作现在那么长时间？
- 如果降低工作时间会怎样？
- 你何时赚的钱最多？
- 一天有多少时间浪费了？
- 一天中哪段时间赚的钱最多？
- 一天中哪段时间赚的钱最少？
- 谁让你要做够一定时间才算是全职？
- 如果减少或增加工作时间，你会赚得更多吗？

交易成功最初会要求很长时间的学习和研究。成为专业交易人的挑战之一就是传统性的一天工作八小时，这不一定就能带来最多的经济回报。虽然一些交易人需要额外时间来在市场上获取巨大利润，但我认为许多交易人减少在市场上的时间反而效益更好。

亚迪恩·拉瑞斯·托福瑞，MNLP，MCH，交易员教练，国际公认的人类金融界发展领域权威人士，创立了 Trading on Target（www.TradingOnTarget.com），并担任总裁。她在交易心理方面的八本专著——包括《获胜先机4》（交易人出版社，2002年），得到金融杂志的高度赞赏。她的公开讲座、私人咨询、电视节目和业界大型会议的主题演讲广受好评和欢迎。本文首刊于2002年11月的《SFO》。

第五部分　创造健康的平衡状态

第二十六章　借助三个 R 和积极思维保持心态

琳达·布拉福德·拉斯奇克

我的专业交易员生涯超过了 25 年，我敢肯定我在行业的经历与很多或大多数专业交易员相似，我有过成功有过失败，有时候既满足又沮丧。随着市场和产品这几年的变化，我也和其他人一样不得不竭尽全力去成长，市场不断让我重新确认自己的价值，展现自己的自我认识，甚至经过了这么多年，我因为恐惧和疑虑彻夜难眠。谢天谢地，多亏我知道了积极思维的强大威力，并且能够每天加以运用。

闭市后，我把时间平均分成三份：为第二天做准备、进行市场调查以及进行心态建设。我每晚会看一段励志书，研究运动心理学，加强身体素质，如运动、增加营养、节食，这会让我在白天集中精力。

我希望某个时刻我能说自己"成功"了，但我常常感觉还差得远呢。我已经认识到这一行业不过是一个持续的过程，一次要用上一天，就像生活中那么多的职业一样。对我来说，"交易员"已经成了"生活方式"的同义词。

我认识到，我作为交易员在生活中所做的一切事情，同样形成了一个单独的自我。其中很大一部分就是要减少压力、焦虑和过度劳累。在职业生涯中，我多次经历了这三种状态，每次我的交易成绩都要受到影响。我压力重重的生活经历与很多人无异：死亡、离婚和缴税。我还身兼多职：交易、办公司、养活 10 个员工、做一个单身妈妈，承担一家之主的责任，还要料理一大笔财产，此外我还尽量在业余兴趣和爱好上胜人一筹。

消除压力免于淘汰

我希望能夸口说自己是非常能干的人,但我不是,我磨磨唧唧,能拖就拖。但我善于消除压力和焦虑,在处理交易心理方面有一手。我想如果我能做好这一个方面,钱就不请自来。每年我都是这么过的,而且没被踢出局。

那么就允许我说一些处理更有挑战性的交易心理问题的个人经验、每日例行和习惯做法。交易人有时认为自己的经历独一无二,特别是在市场长期平淡时所犯的愚蠢错误和遭受的巨大损失。说真的,我犯过这本书所讲的所有错误,在很多夜晚辗转反侧彻夜难眠,也与高层权威交流过。虽然经过了这么多,我从来没想过不做交易了,我对交易既不爱也不恨,这只是我的工作,我热爱工作而已。

一些人有幸能立即通晓自己的工作,我就是其一。我知道让自己觉得舒服的交易方式,我永远不会追随长期趋势,不会在宏观层面轻而易举解释基本面或长期主要趋势的变化,不会严格按照机械系统操作,不会完全依靠下意识做交易。别忘了,交易员只有在完全了解自己的行业后,才能开始提高技能。在我目前的职业阶段,我知道自己的能力、强项和弱项,我尽全力扬长避短,这也是你应该要做的,了解自己。

正确洗脑

好了,了解行业所有帮助,但并不是说仅仅知道了就能成功,为了在交易日有收获,还必须在场外下苦工夫。我可以装模作样大讲一番准备、组织和外部调查的重要性,但我不觉得这就能保证获得成功,让我迎头赶上的利器是自信能获胜的信念。我每天——尤其是在难以避免的疑虑侵入我思想的时候,都给自己洗脑,坚信自己能成功,正确的思想态度对我不啻一种宗教。

如果交易人态度积极,他就会认为,只要专注过程,结果就会水到渠成,这里有信念的因素。有时就像从高台跳水,如果姿势正确,入水就好,跳的就漂亮。一些人很难接受偶尔跳水姿势不对,而且入水的时候很疼。我跳水的时候如果思想受到疑虑和消极思想的影响，那就死定了。我有很多诀窍消除消极的自说自话，因此积极思考已经完全成了习惯。

自说自话就是我们对自己说话，有时消极思想非常隐蔽。例如，一个交易员对自己说："我要做好"或"这个月我要赚 X 美元。"这些想法会自动产生压力和焦虑，焦虑则会使交易决策受情绪影响，情绪无疑会导致亏损。

第一步是有认识

消除消极思想需要一个过程，首先要认识到你是不是在消极思考，然后认识到你能决定是否重新考量思考方式。将"我要做好"变成"我能做好"只是迈向正确的第一步。前一句话是给业绩提了要求，而后一句强调了对自己能力的自信。

第二步，做一些动作，如拍拍手、掰掰手指、站起来，打断一下思维。

第三步，再回到刚才的思考中，排除掉不安、疑虑和焦急。"我自信今天能做出正确决定。""我可以利用交易中出现的机会。"这些环节看起来很简单，甚至可能是本能，但不是认为的那样全凭直觉而来。积极思维需要练习。

积极思维在我自己交易生涯中的力量至关重要，无法言表，它让我能将在市场的每次惨败变成学习。我告诉自己，发生的一切都有原因，我必须找到转换的方法，这就像在体育中一样。

假设网球选手在比赛中手气不佳，连输六盘，在观众看来是输定了，但这个选手想办法打了一个主动得分的好球或是接发球抢攻，有时对手自己有了失误。顶级运动员会抓住一个小胜利，然后借这一时刻扭转局势。这种情况也发生在集体项目里，比如足球，局势扭转后会带来新的力量爆发，之前的输球方会赢得比赛。

交易也如出一辙，把消极经历重新构建成积极经历，尽量从中学到经验。我每次犯了错，就对自己说现在犯错是好事，总比要将来仓位更大时犯错好，现在就能汲取教训。我感谢市场让我认识到自己的不足，我能了解并改进。如果市场风向变了，或者环境不利于我的交易，我就说可以利用这个好机会做些调查，发现新技巧。我所有的有益调查都是在亏损后进行的。

辛苦工作与劳累过度只有细微的差别，我吃过大亏后才知道了要设定界限，知道自己的极限。过去，我不愿意承认自己有极限，结果是我的免疫系统功能急剧下降。知道退一步海阔天空是好事，别等着用身体买单，或遭受惨重损失。大多数交易人犯错的时候心里都清楚，但如果精疲力竭了，他们就无法采取恰当措施纠正错误，很像是潜意识在告诉你："这回的损失会很大，你不得不休息一下。"

不仅身体症状会显示你疲惫不堪了，其他的信号还有越来越坐立不安、焦虑加剧、健忘、注意力分散。交易员疲惫不堪的话就很可能冒更大的风险，紧接着就是拖延、疲劳、忘了前一晚做准备或对目前的状况完全视而不见，而且还可能喝更多的咖啡、可乐或酒，最后导致在认识上认输，完全罢手不做或长期萎靡不振。

避免劳累的主要策略就是保持健康和平衡的生活方式，包括每天运动、营养适当、做室外活动、定期休假或者在周末野游一天，看看不同风景。学习策略包括参加研讨会，加入专业组织，看交易杂志或运动心理学或励志题材的书。

有时候换换工作环境——细小如重新布置办公室，都会大有作用。最后，有一个支持体系也很重要——可以信任的密友、关系密切同行或顾问。我一遇到特别难的境况时，与朋友或同行谈一谈都会让我感觉很好。我们毕竟在有些时候有类似的经历，干这一行都会有失败和失误，与人分享有利于我们正确看待人的共有弱点，让我们继续前进。

三个 R

我来介绍一下三个 R，这是我保持心态，集中精力的方法：做记录、有规矩和调查。

做记录是一个起点，让你从爱好向专业迈进。每天晚上我都会记录统计数据，例如幅度、交易量、交易者指数、成交量及未平仓合约比，自从

第五部分 创造健康的平衡状态

我交易的第一天起我就坚持这么做。以前还没有图标软件，我就每天晚上手写更新图表。15年时间里，我手写输入了25个不同市场的收盘价、动量数据以及其他笔记。如果我晚上没记数据，第二天就不会交易。

白天我会记下票号、执行时间、平仓价格以及经纪公司的名称。这对协调第二天的计划外交易至关重要，最终会为犯错时节约大量时间。我还会记下每天手头的交易金额以及目前的持仓量。

有了电子交易平台也别想当然地认为第二天的交易就能正确运行（hit up）。我用的交易平台能正确记录我所做的所有交易，我就不用写下了，只要保存文件就行了。

与其他许多职业相比，交易和市场有点像个抽象的赛场，做记录能让我有生产的感觉，能够控制自己的业务。虽然我做了那么多记录，但我不记录自己的交易成绩，比如赢输率、平均盈利和平均亏损。我觉得这会给我带来焦虑和压力，我只是监测自己的资产曲线，以及自己每个月的表现，而不是每天的表现。为什么？有时大赚一笔后，看着这一天的净利润很容易让人激动起来，但大利润对平衡心态造成的损害不亚于那些大亏损。

惯例和规矩是消除情绪化的绝佳武器——特别是疑虑、恐惧和焦急情绪。虽然我自己没有什么特别让人激动的规矩来分享，但我觉得把事情写下来对我特别有帮助，每天闭市后我都把第二天的交易计划写下来。在交易的时候，我会随手记下全天的波段最高价和最低价。几年前我从交易大厅入行的时候，就亲眼见过不少优秀交易人在交易时勾勒出点数图或波段图。

身体和思维习惯是树立信心和持之以恒精神的关键，我自己觉得自信和持之以恒对操作无比重要，这不仅是指能够打起精神，还能将精力集中一点，重点放错了可没好处。我一天中很多时间都是在观察，但观察什么、怎么观察我有非常详尽的习惯做法和规矩。

首先我会专心监测几种关系。虽然我已经具备了处理大量信息的能力，但还是会像其他人一样难免脑子秀逗。如果我同时做太多事或交易过多市场，就是自找麻烦。我每天都在固定的时间记录特定关系的情况，我有自己留意的几个股票，在货币市场我有要留意的三个主要形态，因此，就这方面来说，我就是一个典型的磁带阅读器，静等对我有特殊意义的技术条件或市场线索出现。这就是我的市场习惯，你可能会有更适合自己的一套。

除了市场的习惯，个人生活也有习惯。例如，我每天都尽量在同一时间起床，补充营养，吃常年不变的早餐，这有助于我在开市前进入状态。所有这些精神和身体的习惯有助于我保持精神集中，不胡思乱想。如果这些习惯被破坏了，我就容易犯错。我一直小心注意外界的干扰，一直遵循船到桥头自然直的信条。

尽管如此，任何交易人都会碰到不可预见的事情，无论他多么小心置身事外都没用。一天一个邻居想要把一些垂叶榕移栽到房子前面，带着3米长铲斗的挖掘机深入地下，把周围的电话线全拉了上来，其中也包括我家的，24小时后才修好。这些意外事件全都发生在你重仓入市的时候，发生在我们每个人身上。

再说一下，我每天晚上都会记录自己的数字，我觉得这是帮助我忘掉这一天内所有不幸的重要习惯，就像那个移栽事件和难以预料的家庭急事。

调查是我交易不可分割的一部分工作，你作为一个交易人，这也应该是你的重要工作，而且是永无止境的一个过程。我坚信，如果我做了调查，我就能一直比没做调查的人掌握先机。

调查很重要，无论你是否有成功的交易方法。只要有过一段时间市场经历的人都会承认，市场关系会而且经常会变化。这样，调查让我相信我的交易方法占尽先机，我不断更新调查，保持高度自信。调查不断提醒我，交易就是可能性和平均水平的比赛，会告诉我任何信号和形态都有千千万万种方法失效。

请记住，千万别用调查去为自己的个人偏见找理由，这种调查往往会根据有限的选样范围得出结论，经常经不起考验。如果不足两百个的抽样规模，我就不会重视据此得出的调查结果。

我在交易日不断提醒自己有哪些进步，每天对自己的成绩吹毛求疵不难,但我反而是不厌其烦将自己的长进都记下来。

没错,活到老学到老。我知道自己应用电子交易平台的技能增长了,多年来,只要我拿起电话,告诉那些场内交易人就行了。而头两年我们刚开始用电子平台时,我根本不知道如何执行才能获利。多加了下单的步骤,我的脑子就短路了,唯一的办法就是我下单,让别人执行,无法自己操作让我觉得自己就是个笨蛋。我试了很多不同的交易平台,终于找到了一个用起来舒服的,这无疑是个学习过程,必须自己琢磨出来。

把心放到交易上

交易的确与大多数的体育运动没什么两样,我尽量让自己的精神处于竞技状态。我知道,市场准备和经验水平越高,自己的失误就越小。我把闹情绪或状态低沉的功夫都用到了调查或更充分的市场准备上,我知道自己在减少重仓操作方面有更好技巧和成效,我知道只要管好过程,结果自然不用操心。最后,无论我是每周工作 40 小时、70 小时还是 100 小时,只要我不相信自己能成功,我就不会成功。积极思维的力量以及勤奋和证明有效的习惯,总会战胜疑虑、恐惧、自己强加的压力和重仓倾向。

琳达·布拉福德·拉斯奇克自 1981 年起就成为全职专业交易人,她以场内交易员出道,后来创立了 LBR 集团,这是一家专业的资金管理公司。她除了以注册税务师的身份运行一些成功项目外,还担任几家对冲基金的首席交易人,并掌管一些商业对冲项目。拉斯奇克因为杰克·施瓦格的著作《市场新怪杰》(威立出版社,1995 年)为人所知,又因自己的著作《城市精英》(戈登出版集团,1996 年)声名鹊起。她经常为《SFO》和其他刊物供稿,在其网站 www.lbrgroup.com 可以看到大量教导文章。本文首刊于 2004 年 7 月的《SFO》。

第二十七章　百尺竿头更进一步：
管理交易和生活之间的拉锯战

亚迪恩·拉瑞斯·托福瑞

交易员杰克最近找我进行私人咨询。他需要的帮助显然不仅仅是交易，还有生活平衡方面。他说自己的问题是："我交易做得还行，虽然我还能做得更好一些，但我的个人生活乱了套。"根据交易员评价结果，我告诉他，如果他想要交易和个人生活都不错，就需要百尺竿头更进一步。

这么说是什么意思？更重要的是，这对于交易员为什么这么重要？没错，我借用了电视里的名厨和餐厅老板艾梅里尔·拉加西的措辞。他在节目中给菜里加辣椒让菜味更诱人时说这了句话。更上一层楼对交易员来说就意味着，所做的决定和行为都超出了日常范围，迫使你竭尽全力，需要你不满足于显而易见的办法，挑战不常用的思维，虽然简单的方法舒服、安全、便捷、轻车熟路，但还是要走更艰难的路。美国伟大的诗人罗伯特·弗罗斯特说得好：

　　一片树林里分出两条路，
　　而我选择了人迹更少的一条，
　　人生从此就完全两样。

你如果是交易人，那就是说，你已经决定要更上一层楼，走那条人迹罕至的路。交易不是普通职业，交易人也过不了普通生活，如果不想竭尽全力，那就只能做个勉强度日的交易人，不能飞黄腾达。杰克现在正是这种状况，只能养家糊口，无法丰衣足食。

那么你的交易人生活过得如何？你每天早上醒来对当天的活动觉得狂

热、兴奋吗？还是日子过得按部就班？各项责任就是你的人生计划，对他人负责就要遵守承诺。但对你自己负责，你不仅要遵守自己的承诺，还要努力享受这一过程。要享受过程，你就得走那条少有人至的路，给牛排加点辣椒，踮起脚够得高点，尝试新事物，结果就有个活的样子。

短路活力

每时每刻都有享受生活的机会，但我们大多数人对此都视而不见，总是找捷径而放弃了更进一步的机会。

● 我们早上不是和家人坐下来一起吃一顿营养丰富的早餐，而是在忙忙碌碌中吃个烘饼了事，想不起来与自己关心的人打个招呼。

● 我们不给身体供应健康营养以维持一天的活跃和积极。

● 我们把一天安排的密密麻麻，却漏掉了和同事交流的时间。

● 我们走上交易这条路是为了保持激情，但现在已经把这抛在脑后。

● 日常工作成了机械性的惯例，我们甚至都没注意每天有什么细微差别而与众不同。

● 训练成了杂事或惩罚，而不再是体验。

● 晚饭就是在打岔的时候这儿吃一口罐头那儿吃口冷冻晚餐，无法享受丰富食物的色味和料理的艺术。

● 最后到了晚上，我们与家人一起看电视，而不是一起亲密、愉快、融洽地交流和讨论。

听起来熟悉吗？没有活力的决定带来了更多的死气沉沉，直到最后，你过的日子毫无价值，想想这种情景。到那时，你无处获得灵感、动力和支持。生活的每个方面会影响其他各个方面，因此当你想着要提高交易的底线时，必须也要提高生活中所有其他方面的底线。

品味珍惜

有价值的时刻来自于不断奋斗。因为9·11恐怖袭击而失去丈夫的遗孀都很后悔，当日早晨丈夫离家时没有好好与他们度过最后一刻，失去丈夫或妻子的未亡人都希望最后的告别能有所不同。他们即使要去面对可怕的结果，还是不断怀念与伴侣度过的最后几分钟，这些时刻是多么重要。他们要是能空出时间来吃早餐多好，那么最后的几句交流也会让他们心神安宁。

当前大多数人仅仅享受生活中标志重要开始和结束的紧要时刻，这些时刻要么是极其兴奋的欢庆时刻，要么是极其痛苦的悲伤时刻。这些时刻的力量强大，完全令看似无穷无尽的日常生活黯然失色，但正是这些被抛在脑后的分分秒秒构成了大部分生活。同名电影中那个夸张、超越现实的角色梅姑姑这样说过："生活是一场盛宴，大多数笨蛋却饿死了。"不是说要淡化在最艰难时期人们经历的各种不幸，重要的是别忘了我们大多数人有很多需要感恩的东西，每次意识到自己得到的恩赐，并对此怀以感恩之心，你就是在人生的体验上更上一层楼。

一个年轻交易人的例子最能说明珍视生活中的恩赐，可以让自己的生活更进一步。他曾经因为贫穷痛苦不堪，我问他，愿不愿意卖了自己的右臂来换取100万美元，他当然拒绝了，我就不断加价，而他也一再拒绝。我指出，如果他认为自己的胳膊值几百万时，也就否认了自己整个身体的价值，逐渐破坏灵感和心理。这个年轻交易人没看到自己生命的价值，在遇到困难时就容易放弃。要能够走那条人迹罕至的路，才能不断欣赏生活赋予的简单而常见的事情，而不是认为这都理所当然。

关注点的选择

如果总想着消极的、有限的和不可能的因素，你就无法有创举。消极想法会消耗精力，让你无法有所突破。我们总是仅仅关注那些让我们对生活感觉舒服的事情，由此来支持我们的立场，证明我们的看法是正确的。如果是钻到如下的消极想法中，你认为能有什么正确想法呢？

● 现在市场状况一团糟，根本没办法在这样的市场条件下逃过一命；
● 这个星球上的人不断受到天气、火灾和恐怖袭击的侵袭，看看每晚的新闻就知道了；

第五部分　创造健康的平衡状态

●你老婆不断找麻烦；

●你的孩子就像马戏团的怪物一样，不可理喻。

你只看着那整个事情中的消极因素，就认为你所有的看法没错。但即使对这些消极因素的判断正确，对你能带来什么结果呢？当然不会是让你的生活更上一层楼，反而是把你拉到了与千军万马同行的路上，让你走向低能和平庸。

要正确关注你所拥有的，但要关注的是积极而不是消极因素：

●市场上一直都有机会，也总有人反向操作，我要做一个发现机会的交易人，享受其中；

●我生活在自由的国度，邻里友好，家庭和睦，有这样幸运的生活，我每天都要三呼万岁；

●我爱人是最好的伴侣和慈爱的家长。积极倾听，让他或她知道他或她对我的重要性，可以巩固我们的生活；

●孩子身体健康、主意不断，对自己的决定兴趣盎然，在他们身上我看到了自己当年的影子。

艺术地生活

假设你要玩桌面游戏，你扮演的角色得决定怎么过这一辈子，你愿不愿意选择一个充满冒险、享受名誉和财富、伴随刺激挑战的丰富多彩的一生？愿不愿意比现在经历更多有把握的风险，游历更多地方，体验更多特殊时刻？我觉得你愿意。

那猜猜怎么着？你就是你自己生命中的演员，也要做出很多选择！你会做哪些选择？是不是有些决定无法让你过上想过的光辉灿烂的生活？

●害怕失败或成功；

●害怕犯错而失去现有的；

●一成不变的坏习惯；

●与环境之间的消极互动和消极影响；

●以"我不配"的态度来生活。

可以为过不上艺术的生活找到很多冠冕堂皇的借口，你是不是就想这样糊弄着自己，放弃尽你所有活到最好？

交易员格雷格和我分享了他的生活故事，说明了及时行乐的重要性。尽管他的父母为了盘中餐和头上瓦拼死拼活，但一直忽略了家庭最基本的需求：关爱。

一家人辛苦工作，不遗余力，终于将一个地方性的糖果店发展成为了一家小型连锁超市。格雷格告诉我，其中的每一步无不包含着牺牲、忧虑和痛苦。后来，他的父亲得了中风，只能坐轮椅，店里也没有雇佣必要的人手，这些压力最后使他的父母撒手人寰。他父母一生没有离开过当地，用着祖传的家具，从没休过假。一家人最大的开销就是格雷格的教育、婚礼和给孙子上学设立的信托基金。

父母去世后，格雷格继承的财产是原来预计的三倍。你会以为格雷格有了这笔钱在父母死后可以随心所欲花钱会让他开怀一些，但没有，无论他有多少钱永远都不够。格雷格摆脱不掉年轻时形成的奋斗脱贫的思想；无论认识多少人，他仍然觉得缺少爱护和关注。

格雷格已经被设定成了奋斗模式，被吸引到了交易和市场中。"市场上同性相吸"的格言应验在格雷格身上，他对奋斗的需求在交易中得以满足。他想证明自己，不用父母的钱靠自己成功，他认为如果他能自己赚钱，那在花他们的血汗钱时就不会觉得有罪恶感。

格雷格在奋斗中做出了一个个错误决定，损失了大笔资金，也失去了妻子和孩子。在想到求助前，自己已经极度消沉。他无法允许自己欣赏并培养任何物或人，特别是他自己。格雷格在学会给予的重要性后，才能学会像个专业交易人那样过得成功富足。储备的优点是格雷格从教育中学来的财富，四处求生、为寻求帮助付出努力则来自他的自愿。

现在，格雷格活得简单多了，组成了新家庭，交易事业正从一般迈向良好，他很高兴。钱没过去那么多，但他说生活很好，他已经学会了享受每一刻，觉得不必非得证明什么，也不必保持奋斗和牺牲的家庭传统，他现在的生活丰富多彩。

第五部分　创造健康的平衡状态

如果你想着要给生活添点滋味，会怎么做？

让生活有些起色的秘诀：

●在情绪低落时知道自己想什么和做了什么，倾听自己的内心，写下来并大声读出来，让自己听得清清楚楚。

●在做决定前，找一个确定时间仔细考虑，估计到所有的最坏情况，不留余地。

●思想消极时停下来休个假，空一两天时间为所欲为。

●决定这辈子想怎么过时考虑到自己的现状。

●记下自己能控制的事情，以及完成哪些具体事情就可以改善自己的现状，着手做这些事情。

●每天晚上划掉已经完成的事情。

●现在摆脱掉可能与否的限制，想一想如果你有资源和正确的心态去做不可能的事情时会做什么。

●寻求他人的帮助和意见。

●想一想如果没有所需的资源，你会愿意和能够做什么，把这些事列入行动表。

●现在大声说出你的愿望，然后突破自认的局限竭尽全力去做。

●每天都让自己更进一步。

你每天都在做决定，这些决定会影响你如何扮演生活游戏的角色。如果你现在顺风顺水，就要收好利润、每天庆幸，珍惜好机会。珍惜每个好时机很重要，因为你无处知晓生活何时会陷入困境。

如果你碰到的是荆棘丛生，而不是预期的玫瑰芬芳，就要认识到自己还有机会。有时，有必要忍受不时地消沉和忧虑，才能继续前进。但你要么是陷入绝望不愿出来而使境况雪上加霜，要么是尽快振作起来充分利用不利条件。想着要做出更好的抉择，就能免于成为正确需求的奴隶。无论在顺境还是其他情况下，都要记得问自己："我怎么能更上一层楼？"一问到这个问题，你就已经走出了第一步，下一步就看你的了。

亚迪恩·拉瑞斯·托福瑞，MNLP，MCH，交易员教练，国际公认的人类金融界发展领域权威人士，创立了 Trading on Target (www.TradingOnTarget.com)，并担任总裁。她在交易心理方面的八本专著——包括《获胜先机4》（交易人出版社，2002年），得到金融杂志的高度赞赏。她的公开讲座、私人咨询、电视节目和业界大型会议的主题演讲广受好评和欢迎。本文首刊于2002年12月的《SFO》。

第二十八章 实现平衡：交易生活两不误

约翰·卡特

一场官司、一个满腹牢骚的员工挂职而去、电脑崩溃、小规模道指交易恶化、拉了大便的尿布，这些东西有何共同之处？别想错了，这可不是猜对就有大奖的谜语，这些都是我生活中发生的事情，发生在我为本文做笔记的一周内。

我刚做了爸爸，雇了助手在家里做交易，还开办了一家运行几个交易相关网站的公司，所以总是遇到不断的挑战。我的日子就像是海岸上翻滚的海浪，潮起潮落，不是闲得发慌，就是紧张得像是要拼命抵抗即将到来的飓风，我有时候想，怎么就不把脑袋打爆了然后一了百了？所有问题的关键就是如何管理生活，而不是让生活特别是交易生活管理你。为此目的，我会遵循四个F原则：关注、燃料、事实和乐趣。

生活开始

这周开始时一片祥和，周一平安无事，市场也波澜不惊，我做了几笔粮食交易，买了一些黄金。安宁和清净因为我爱妻的一个电话戛然而止，她怀了我们第二个孩子，最近一闻到18个月大的詹姆士拉便就觉得恶心。我们通常都有一个保姆在身边，但这周她竟然请假了。"喂，亲，"她在电话里说，"詹姆士拉了。"我叹了口气，"好，我马上下去。"

我审查了指令，止损和目标价都没错，一切状况良好。我不是不知道现在的交易动辄就意味着几万美元的利润或损失，而我还要跑到楼下去擦屁股。我不是不能让一个员工去做，但我知道肯定他们会指出来自己的工作职能不包括这一项。我认命，跑到楼下去换尿布。跟儿子在一起实际上乐趣横生，我笨手笨脚地抓着他的腿，给他清洁、扑粉、换新帮宝适的时候，他笑个不停。（没做父母的人会认为这是最愚蠢的事，你走着瞧。）

周二忙了一天交易，我等着入场点，在出现的时候入场，在第一个YM时止损退出，然后将CBOT黄金期货的（ZG）止损移动到平衡点上。交易展开的同时我监控着自己的下单，随后，我正在买空大豆的30分钟突破下行时，接到了一个律师的电话，威胁说我们公司面临着商标权诉讼，因为我们刚发布了一个有关斐波纳契数列的网站。我向他解释，但他一个劲儿地实施威胁策略，而不谈点正事。我看着大豆交易，对他的话只听进去了一半。我的一声哈欠冒犯了他，说我对这件"严肃的事情"不认真。做一辈子交易员就有这个好处，真没有什么事情能让你忧心忡忡，因为你已经经历了一个人所能忍受的各个层次的极端情绪。律师最后放了话"你必须立刻关闭网站。"

"我们不会关闭网站的。"我说。

他继续咆哮、威胁，在他歇口气的时候，我说，"别担心，我们会再取个名字，只需要大概一天就能完成，我们什么时候可以用新名字运行？"

"必须立即着手，我们会争取保护自己的利益，我们……"

"好，好，我知道了，那明天怎么样？"

"马上，我们必须保护我们的……"

"那没办法，只能是明天，因为我们还得确定新名字，而且还要保证没被注册。我们没有恶意，这不是IMB和微软打官司，只是一个失误，我们会解决的。如果你想打官司，浪费你客户的钱，我没意见。"咔嗒。

关注

虽说我不是每周都会被告一次，但事情总是接二连三。上面的两个例子——尿布和官司，就显示了集中精力的重要性。作为交易员，就是要能设定比赛计划，并在交易日中将比赛计划放在脑子的首要位置。如果我计划要在黄金下拉到8个时段的指数移动平均线时买入、以10个点为止损，那任何事情都不能让我偏离这一计划。旁边的电脑即使着火了，只要黄金

第五部分　创造健康的平衡状态

的价格达到买入区，我就要买，如果我的止损没有设定好，我都不会想着去救火。但是一旦订单到位，我的工作完成，我就会注意到着火了。

一旦买入了交易——一笔深思熟虑、精打细算的交易，我就不用盯着每一个基点。我的指定就像是我的员工，它们正在为我干活，周遭发生的一切都不会改变这一点。

根据我的经验，没有详细计划的交易人如果被干扰就会惨败，会变得精神涣散，容易冲动交易，并开始怪那些无法掌握的因素。"都怪我老婆拉我去吃午饭，我才赔了钱。"再好好想想，交易人可能发现在离开办公室的时候没有设定好止损和目标价格。这是谁的错？不是老婆的。要集中精力。

周三，我正交易芝加哥商品交易所的迷你股指期货合约（ES），一个员工（她也是我小姨子）抓了钱包冲出门开车走了。我问另一个员工（她还是我小姨子）怎么回事，显然她非常生我的气，因为我没告诉她即将开始的新项目。的确，我给过她几个大项目，但她应接不暇，我觉得该让她休息一下，不再承担大型项目，除非她对我们的流程更有信心，能逐步独资承担大型项目。

她这时只有24岁，每年赚80000美金，而工作只是接电话查邮件。我想说："姑娘，有时间休息的话还是珍惜吧！"我觉得在既严厉又友爱的环境中与人共事，是有好处的，能够推动他们眼光放长远，促使他们跨越自己的舒适区。根据我的经验，人要不断折腾才能过上更加富裕和舒适的生活——做让自己害怕的事情。

但在我这种环境下，严厉的爱就是不爱。闭市后她打电话告诉我她要辞职，根本原因是"管理人太烂了。"这是在说我呢，因为我是管理人。

"好吧。"我说，"明天来吧，我们确定一下细节。"

虽然我认为她的决定仓促，是个错误，但我还是佩服她能迈出这一步，声称："我才不会委屈自己呢。"我不会假模假样说自己理解一个人的灵魂痛苦，现实只是反映了我们对日常生活的思考。她认为自己的止损点到了，我给报纸打电话要登一份招录新员工的广告，小姨子不能应聘。

燃料

交易人要有耐力才能熬过交易的日子，调配各种时间。给身体和头脑增加耐力的最好办法就是增加特定的燃料：既有物质上的，也有精神上的。物质燃料是为了让身体保持健康，做出最佳表现；最简单的办法就是每天喝一加仑纯净水，放弃精炼甜食和面粉而食用全麦、未加工的粮食，别忘了吃水果蔬菜。苏打和快餐吃下去带走的是交易人的好身体、好睡眠，带来的是紧张不安，并会持续削减有效处理日常挑战的能力。如果你会冲着银行柜员机咆哮或是冲着开车的同伴挥舞拳头，这就是说你燃料耗尽，空挡运行了。

精神燃料就是指能让你凝思一整天的好思想。想要掌握所有的思想是不可能的，但致力于某些思想会有助于强化而不是削弱理性。现实主义者听起来这是老生常谈，其基础理论是外部环境并不太重要，一个人一辈子的所有事情——无论是情感上、社交上还是职业上的，只是自己思想的一个镜像反映。

生活就是我们预想的样子，所有发生在我们身上的事情都是我们的思想造成的。那我是不是说一个遭遇车祸的人是因为他们想这么着？非也，所以这才称为意外事件。但我的确认为能告诫自己平静思考，会稳定心智，帮他们心想事成。一再重复这些观念："每天每个方面我都变得越来越好"，会对心理产生正向效果，可不能反复说："我就是笨蛋，我恨我的生活，市场总是跟我作对。"

如果你想要改变、平衡自己的生活，那就必须开始改变、平衡自己的观念。再说了，总那么明明白白，活着多没劲呀。

周四我在做 YM 交易，享受一周里的交易时光，妻子来到办公室探望我，这是好事。她知道不能在开市或闭市等关键时刻打扰我。我们已经达成共识，我对换灯泡等家务事一点兴趣都没有，她让步了，雇了一个小时工，在需要的时候就过来。即使如此，她有时还是会上来，问我能不能帮个忙，她知道我的回答有时是不行。这周一直都艰难度日，而且保姆也走了。她问我能不能照看一下詹姆斯，她要去修脚。就在她问我的时候，我的电脑平台死机了。

这就是在家工作又有孩子的部分乐趣,我必须花些时间在他们身上,而且我也的确喜欢和詹姆斯玩。但在交易日的一些时候——YM 交易正对我不利而平台又死机就是其一,我确实没办法抛下一切去照顾他们,所以我说我没办法照顾詹姆斯。她因为不能抓我当差有点恼了,怒气冲冲地走了出去,我趁机打电话给经纪人平仓。

插句话,我妻子看了这篇文章的最后一稿,当时我在电脑屏幕上打开了文章,她告诉了她母亲我所写的内容,然后决定要添上下面的话:"作为一个交易人的妻子,听到'已经休市'就要像听到'亲爱的,我们去夏威夷'一样兴奋,这就意味着你丈夫现在可以与你交流了,而不是仅仅应付你一声嘟囔、一个点头。"

事实

在上述情况下,交易员抓住事实才是最重要的。当时的事实是:一是我在进行一笔投资最多的融资交易;二是市场已经开盘而且正在运行中;三是我的平台死机了。这些事实的重要性对交易人来说大于修脚,这与感情或谁对谁错没关系,事实如此。

最后,我的员工——他这周还没辞职,而且与我没有亲戚关系,向我转发了一位客户的邮件,他拒绝我们从他信用卡里因为一项服务而收取的 99 美元。他在邮件里说:"尊敬的先生/女士,我并没有许可此项收费,你们这些骗子,今天就会收到我律师的信,他会把你和你的公司全灭掉。"这封邮件上了我们的公告牌。我们有一个"每周怪物"的比赛,参加者是给我们发邮件从而显示他们实际上怪物的客户,这封邮件荣誉当选,我们换下了上一周的,贴上了这个。我们给他打了电话,解决了问题,但没告诉他刚刚获奖的事。

乐趣

交易、生活和生意有时候压力巨大,所以乐趣非常重要。如果你连笑都笑不起来,对自己妙趣横生的谋生方式不心怀感激,那就不值得遭受那些起起落落。我最喜欢的一句话来自费利克斯·丹尼斯，他是身价千万的出版商，出版各种计算机杂志，他的事业可不止于此。他说："如果你不能像对待游戏一样对待自己致富的欲望，那就永远无法致富"。这句话提醒我无论想要什么，别太孜孜以求。

遵守这四个F，交易人可以与环境保持和谐，而不被分心，能够保持平衡，避免得到第五个F。第五个F是什么？哦，就是我们不想要的那个。如果詹姆斯不小心说了出来，奖励他的就是满嘴的肥皂泡！

市场是位严厉的女主人，最有力的工具就是教会人欣赏人性——一群人的独特性质，这群人一天天耐心十足地等待厮杀的机会。作为交易人，我已经学会了要理解和接受这样的现实：市场总是对的，而不管我周围的情况如何变化。这就是那四个F的基石，认识到市场从来不会犯错，从来不会错，要用这一知识平衡我周围不断旋转的活动。

约翰·F·卡特是摩根士丹利一位股票经纪人的儿子，高中二年级时就接触了交易，近19年来交易活跃。他在英国剑桥大学学习国际金融，并从奥斯汀的德克萨斯大学毕业。他从1996年起就全职从事交易工作，并于1999年推出了www.tradethemarkets.com，发表他对期货、股票和期权市场的看法，目前追随者上万。他在Razor Trading担任商品交易咨询师，管理一个期货和一个外汇基金，最近还出版了《驾驭交易》（麦克希尔出版社，2005年）。为了保持清醒，他会在闭市后锻炼身体，以应对他和客户碰到的金融波动，跑步、冲浪和练跆拳道是他保持清醒的方法。本文首刊于2007年7月的《SFO》。

术 语 表

肾上腺素：帮助身体克服人体或精神压力的一种神经传递素或激素。

算法：在金融市场的交易系统中进行交易决策的一种高级数学模型。

美国股票交易所（AMEX）：一家股票交易所，私人非营利机构，1842年成立于纽约，亦称为 AMEX 和场外证券交易所。

扁桃体：大脑中的神经元群，在决定情绪反应中具有重要作用。

套利：同时买卖（通常是在不同交易所或市场）同一份资产，希望从不同市场里的同一份股票、商品或金融工具的不同价格中获利。

报卖价：卖家愿意接受的证券、期货合约或其他金融工具的价格，亦称为报价。

按此价格或按更好的价格：（1）在购买股票、商品或其他金融工具的委托指令中，以特定价格或更低价购买，（2）在卖出委托指令中，以特定价格或更高价格卖出。

平值期权：行权价与标的金融工具（如股票）现价相同的期权。

开盘集合竞价指令：规定在市场开盘或交易开始时执行的委托指令，否则就取消委托。并非一定要以开盘的价格执行，但要位于集合竞价的幅度内。

熊市（下跌、看跌）：价格下跌的市场，价格普遍下跌且悲观观点蔓延的时期。

行为金融学：分析心理对经济决策（如交易和投资）的影响的研究领域。

报买价：买家愿意支付的证券、期货合约或其他金融工具的价格。

生物反馈：衡量身体机能，如皮肤传导性、心率、肌肉张力和脑波的过程，旨在监测平静和激起的程度。

黑匣子系统：交易软件程序，其内部运行或算法无人知晓，且变量无法修改。

布林带：技术分析师用于指示市场超买超卖的方法，包括上方的固定线和下方的简单移动均线，波动大时带宽加大。

债券：按期付定额息的债务工具，发债人保证按时全额返还债务。

账面价值：会计账目显示的金融工具的价值，一般与市场上的价值不同。

登记：交易处理的过程，虽然还没有资金，但系统已经记为在将来交割。

登记日：记录和执行付款的日期，付款日会传递到自动系统进行登记。

簿记：自动系统处理金融交易的记录，亦称为记录。

脑干：位于大脑的最下面，连接着脊髓。

向下突破：价格快速剧烈的下跌。

收支平衡点：（1）收入和损失相同的点；（2）期权市场必须达到的一个价格，买入者在行权的时候才不至于亏损。

经纪人：（1）收取费用或佣金代替其他人或公司执行其买卖指令的个人或公司；（2）商品期货交易的场内经纪人，在交易所大厅现场执行指令。

经纪费：经纪人执行交易收取的费用。

牛市（上涨，看涨）：价格上涨的市场。认为价格会继续上涨的交易人被称为股市看涨的人。

蜡烛图：包括交易期内开盘价、收盘价和移动方向信息的价格图，亦称为日本蜡烛图，日本自18世纪起就利用该方法分析米市，名称亦沿用至今。

现货市场：商品、证券、外汇和货币市场的现货合约的买卖市场，各自对应有期货和衍生品合约市场。

图表：市场技术分析利用图和表描绘价格走势、交易量和持仓价格。

芝加哥期权交易所（CBOE）：芝加哥商品交易所交易股票期权的交易所，有资产、期权和场外证券交易市场。

芝加哥商品交易所（CBOT 或 CBT）：美国最悠久的期货交易所，成立于 1848 年。该交易所已经与芝加哥商业交易所（CME）合并，组成新的 CME 集团。商业交易所交易农产品期货，如玉米、燕麦、大豆，以及金融工具，如长期国库券和中期国库券。

芝加哥商业交易所（CME）：该交易所与芝加哥商品交易所合并成立全球最大的期货交易所。商业交易所运营国际货币市场（IMM）、指数和期货选择买卖市场（IOM）和创业板市场（GEM），并最终会运营芝加哥商品交易的农产品期货，如玉米、燕麦和大豆，以及长期国库券和短期国库券等金融产品。

结清：交易正式完结。

闭市：交易期的结束，交易在此期间被认为已经结束。

期末报表：报告期结束时体现全部发生项目的资产负债表。

收盘价：某日闭市时的成交价。

收盘范围：闭市时交易的近似价格范围，闭市时的买卖指令可能在此范围内的任何价格成交。

教练：通过指导、设定目标、传授技艺、详细解释挑战，在战略上帮助交易人（或其他领域的从业者）提高技能的老师。

佣金：（1）经纪人因为执行某项职责如买卖期货合约而向客户收取的费用，佣金必须公平合理，考虑到交易的所有相关因素；（2）有时指美国商品期货交易委员会（CFTC）。

商品：可能在未来执行的交易或商业的实体、服务或权利。目前交易的合约包括小麦、玉米、棉花、牲畜、铜、黄金、白银、石油、丙烷、胶合板、货币、短期国库券、长期国库券和股指。

纽约商品交易所（CMX）：纽约商业交易所的一个部门。

商品期货交易委员会（CFTC）：根据《1974 年商品期货交易委员会法案》设立的联邦机构，以保证期货市场公开有效运行。

综合分析师评级：分析师评定某股票为买入、持有或卖出的总数量。

堵塞：市场进行盘整运行。

盘整：技术分析术语，指交易活动低迷，价格横向运行，为下一步的运行做准备。据称交易人在盘整时会评估自己仓位。

合约日：双发达成合约的日期。

合约月：期货合约约定进行交割的月份。合约：（1）至少两方在某种条件下针对某种产品买卖达成的合意，双方因此形成法律上的权利和义务。（2）指商品交易的一个单位。

倾轧：确保控制一个市场由此能操作价格。

调整：技术分析术语，价格逆市场主要趋势反应。有时指回调。

平仓：用等值反向操作抵消先前的期货、证券或其他金融工具的开仓交易。空头平仓是买入数量相同并且月份相同的合约来抵消之前的卖出开仓。多头平仓是为抵消买入交割义务而进行的抛售。

有保护的：空头拥有标的证券的投资策略。

日内交易人：在市场建仓并在交易结束前清算的交易人。

交易商：为自己账户和客户账户买卖金融工具的个人或公司。

借方价差：购入一种期权，并同时卖出另一种股权用以对冲，当组合过期不执行时有收入进账。

Delta：期权价格预期基础期货合约或股票价格之间的关系系数，衡量期权价值与基础价值的互动关系。

需求：消费者购买货物或服务的需求和愿望。

树突：神经元的细小突起，会将神经冲动从突触传导给神经元主体。

衍生品：其自身价值来自于或联系到基础金融资产，如股票、债券、货币或抵押的复杂投资。衍生品会在交易所挂牌交易，也会在场外私下之间交易。例如，衍生品可能是期货、期权、抵押证券。

打折经纪人：佣金低于全面服务经纪人的经纪人。

贴现率：联邦储备系统银行成员收取的贷款利息率，该利率会影响金融机构向其客户收取的利率。

背离：资产价格和指标、指数或其他相关资产反向运行，可能利好或利空，在技术分析中用于投资决策。

多巴胺：与运动、注意力、学习和大脑愉快和奖赏系统有关的神经传递素。

回撤：在特定交易期间从高峰到低谷的下跌，通常会以百分比表示。

每股收益（EPS）：公司收益按照普通股发行总量分配的值，上市公司盈利能力的指标，通常被认为是决定股价的最重要变量。

权益曲线：描绘账户价值上升下跌曲线的图。

弹性：指供应、需求和价格之间互动特性。商品需求有弹性是指价格变化会造成消费提高或降低；如果供求对价格变化反应不大，则表明供求缺乏弹性。

电子交易：通过电脑对金融资产的买卖双方自动匹配，例如 GLOBEX、Project A 和 Access。

权益值：持仓头寸全部以市场现价折现的期货账目资金值。在证券市场，则指属于股东的公司净值部分。

交易所：参与期货和/或期权买卖的人或实体联盟，通常会涉及竞卖。亦被称为交易为换回或合约市场。

执行日：交易人希望行使期权的日期。

执行：（1）完成交易指令；（2）执行指令。

风险暴露：由于市场价值、利率或汇率的变化而可能引起的价值损失。

Fed：美国联邦储蓄银行的简称。

联邦公开市场操作委员会（FOMC）：美国联邦储蓄银行的一个委员会，进行货币供应操作的决策，主要目的是购买和销售政府证券，提高或降低货币供应，同时也规定主要利率，如贴现率和联邦基金利率。

联邦储备：美国央行，制定货币政策。美联储和 FOMC 监控货币供应、利率和贷款，目的是维持美国经济和货币稳定。亦被称为美联储。

执行指令：完成证券或商品指令（如买或卖）。

金融工具：亦称为金融产品或简称工具，包括债券、股票、衍生品和其他金融资产形式。

旗形：市场来回冲动运行又趋于停止形成的图表形态。
场内经纪人：在交易所大厅为其他人或实体执行指令的个人。
场内交易人：交易所成员，亲自在交易所大厅进行自己的交易。
地面：（1）金融市场获准下跌的最低比率；（2）交易所大厅。
远期：金融工具未来的比率或价格。
摩擦：市场交易相关的直接和隐含成本。
基本面分析：研究影响市场供求、整体经济、行业状况等的根本因素的市场分析方法。
期货合约：在未来某一时间买卖特定数量和特定质量等级的商品的标准化合约。期货合约可自由转让，只能在指定交易所公开竞价交易。
期货期权：在期货合约上设定的期权。
Globex：交易衍生品、期货和商品合约的全球不间断电子系统。用于芝加哥商业交易集团的自动成交系统。
头肩形态：一种技术分析图表形态，有三个最高值，类似一个头部两个肩膀。头肩形态的最高点一般在重大上涨后形成，表示市场反转。头肩形态的底部（倒转头肩形态）表示市场上涨。
对冲：为降低风险在价格运行相反方向所做的投资。
对冲交易：交易商和交易人以及农民、制造商和其他生产商针对外汇、商品和证券运用的交易策略，以防汇率和市场价格的严重波动。现在的卖或买会被未来特定时间的买或卖合约冲抵。
下丘脑：大脑在丘脑下面的部分，其功能是调解体温和一些新陈代谢过程，并控制自主神经系统。
隐含波动性（IV）：证券或商品价格的预估波动。
实值期权：本身有内在价值的期权。如果看涨期权的行权价低于标的期货合约的现价，则称之为实值。看跌期权的行权价高于标的期货合约的现价，则称之为实值。
无弹性：是指供应、需求和价格各自独立的特性。如果价格变化不会引起消费增减则表明商品缺乏弹性；供应和需求对价格变化不产生什么反应则表明缺乏弹性。

初始保证金：在建立期货或外汇仓位时需要客户缴纳的资金，期货或外汇市场的保证金不属于首付款，而证券市场的保证金则属于。

内幕交易：（1）公司高级职员根据公开信息进行的合法证券交易；（2）投资人根据非公开信息进行的非法证券交易。

国际证券交易所（ISE）：全球最大的电子资产期权交易所。

利息：使用资金需支付的费用或成本，以每一时期的一定百分比表示。

国际期权市场（IOM）：芝加哥商业交易所的一个分部。

中介经纪人：吸引和接受客户的商品期货指令的公司或个人，但其不接受客户的资金、证券或财产。

使用资金杠杆：利用借来的资产提高所有人资产的回收，投资人可以通过存入低于合约价值的资金在市场建立仓位。

流动市场：有大量有意地买卖方存在因而买卖很容易的市场。

流动性：资产变现的容易程度。

多头套期保值：买入期货合约以防商品价格可能上涨，参见对冲交易。

净多头：同一货币的资产（和/或期货购买合约）多于负债（和/或期货购买合约）。交易商买入超出卖出的部分使他成为净多头。

看多：拥有（买入）证券、货币、期货合约、商品或衍生品。

长期普通股预期证券（LEAPS）期权：从当前日期起九个月之后到期的期权。

补充保证金通知：经纪公司或结算公司要求客户或结算成员补充保证金，已满足交易所规定的最低额要求。

保证金：（1）在期货和行业，期货合约买卖双方存入一定金额的资金，以担保对合约的操作；（2）在股市指必须准备的购买证券的一定量现金。

市场：（1）买卖双方直接接触一起做生意的地方或环境；（2）金融工具的通称。

市价指令：买卖证券、期货合约。或其他金融工具的指令，并能以尽可能最好的价格立即成交。相反，有限指令则指对成交的价格或时间具体要求。

机械系统：根据事前确定的指标或其他标准形成的过滤条件买卖股票的方法。

迷你合约或电子迷你合约：电子化交易的迷你型股指期货。大量指数拥有迷你合约，例如纳斯达克100指数、标普500指数、标普中型股400指数和罗素2000指数。

动能指标：当日与固定天数之前价差构成的线，可以通过当日价格与移动均线当前值之间的差来衡量，通常指动能摆动指数。

移动均线：一定时期的价格平均值。价格随时间改变，降低了数据的波动性。移动均线强调趋势方向，验证趋势反转，平缓价格和交易量波动，避免对市场反应的含义迷惑不清。

指数平滑异同移动平均线：趋势跟踪动能指标，显示两条移动均线的差。

新皮质：大脑的推理中心，新皮质控制逻辑、创造性思维和语言。

纽约证券交易所（NYSE）：美国最大的股票交易所。是一家由董事会运营的公司，负责监管交易所和成员的活动、证券上市、监管交易所成员席位的转让，并决定申请人是否有资格成为专员做市商。

NYFE：纽约期货交易所。

NYMEX：纽约商业交易所。

报卖价：愿意以一定价格出售的意思表示，亦称为询问或询价。与其相对应的是递盘。

抵消：（1）通过出售期货合约、远期或其他金融工具而清偿所买入的同等数量、同一交割月的期货合约、远期或其他金融工具；（2）通过购买远期期货或其他金融工具来冲销买空同等数量、同一交割月的远期期货或其他金融工具。两种操作都将交割实际金融工具的义务转嫁给了其他人。

线上经纪人：通过互联网提供服务的证券、期货或期权的散户经纪人。

线上交易：用电脑和互联网、借助在线经纪公司下达买卖交易指令，而不用经纪人亲自参与。通过计算机终端可以电子化输入和返回指令。

开市：交易节点开市的时间，此时认为所有交易都"开门营业"。

持仓量：还未完结或交割的期权或期货合约总量。

开盘区间：开市交易中价格紧密联系形成的范围；开始的买卖单可能会在此范围内的任何一点成交。

期权合约：在未来特定日期买卖特定数量基本工具的权利（而非义务）。期权的卖方有义务（在看跌期权中）出售基本工具或行使期权时从期权买入人手中以交割价买入。

期权有效期：期权合约的起始日到期满日之间的时间。

权利金：购买人未获得期权合约向出卖人（授权人）支付的资金、证券或财产。

期权出售者：指期权买入者行使期权时负有履行义务的一方。

期权：表明有权在特定时间按照特定价格买卖一定数量的基本证券（如股票、债券、期货合约）的合约，购买者享有权利，出卖者负有义务。

指令执行：经纪人对订单的处理，包括从客户收到口头或书面指令，将指令传达给交易所大厅，再返回完成客户指令的确认信息。

买入指令：在一定条件下买入一定量指明的金融工具的命令。

卖出指令：在一定条件下卖出一定量指明的金融工具的命令。

摆动指数：一种技术分析工具，用于决定资产是否定价过高或过低。摆动指数接近资产的最高值时，则认为资产处于超买状态；接近最低值时，处于超卖状态。

虚值期权：行权价高于标的资产市场现价的看涨期权或行权价低于标的资产市场现价的看跌期权。

场外交易市场（OTC）：在有组织的交易所外进行的金融工具交易，包括在做市商之间及做市商和客户之间进行的交易。

超买：技术分析术语，指市场价格相对于基本面或其他因素来说，上涨过于剧烈、过快。

超卖：技术分析术语，表示市场价格经历了巨大卖盘，而基本面却缺乏支持理由。

公平：地位平等。

点：汇率差单位，银行间市场最小的价格增量变化。

场内：一些交易所交易大厅内特别构建的场所，可以公开喊价交易。其他交易所里用"环形交易台"表示该交易区。

平台：计算机界面，向用户提供信息以及进行电子交易的途径。

融券：为贷款或其他金融交易提供证券的行为。

点：价格或期权费最小的波动单位。

投资组合：一个人或机构的金融工具组合，通常为了分散投资风险。

头寸交易人：买卖金融工具并持有到延展期的交易人，与日内交易人不同，后者一般在一个交易期内建仓并清仓。

头寸：市场承诺。例如，可以说期货合约买入人拥有多头头寸，或反之，期货合约卖出人拥有空头头寸。

前额皮质：额叶后面的大脑部分，是大脑的控制中心。

权利金：期权买入人向期权卖出人支付的金额。

溢价：买入金融工具的高价与其发行面值之间的差价。

升水：所交割的标准或品级高于期货合约要求时，根据交易所规则允许收取的额外费用。

价格限制：根据交易所规定，期货可以在前一天的计算价格基础上上涨或下跌的最大值。

每股市盈率（P/E）：根据股票市价和每股收益的比值来衡量不同普通股的价值。

保护性止损：如果价格达到预先确定的水平则退出交易的指令，意在防止极端损失。

下拉：价格从最高点下跌。

看跌（期权）：赋予期权买入者有权（并非义务）以特定价格在特定日或之前卖出基本金融工具的期权。

报价：证券、商品、期货、期权、货币或其他金融工具在特定时间的实际价格、递盘或询价。

上涨：价格上行。

幅度：某时期最高价和最低价之间的差。

回落：价格的短期反趋势运行。

相对强弱指数（RSI 或 RS）：技术性动能指标，比较近期收益和近期损失之间的程度，以期决定资产的超买和超卖状况。

弹性：处理和从压力、不幸或灾难中快速恢复的心理能力。

阻力：趋势徘徊的价格水平。由于卖盘多于买盘，市场停止上涨，与其相反的是支撑线。

回调：技术分析中，价格反向主要趋势运行，也称为调整。

收缩：价格下跌。

资本权益报酬率：计算公司的营利性，特别是资产回报，计算方法是用税后收入除以有形资产。

风险管理：控制和监测银行、金融机构、商业实体或个人的风险。

风险：资金损失的可能性。

美国证券和交易委员会（SEC）：国会设立的联邦机构，用以监管证券市场、保护投资者。

证券：票据、股票、国债、投资合约、公司债券、利润分配的权益证明或合伙协议、存款证明、抵押信托凭证、组织成立前的证明文件、证券期权或其他投资工具。

自我实现：开发或实现所有潜力。

倾销：集中推向市场，价格急速下跌的时期。

结算价：(1) 收盘价，或收盘价范围之内的价格，用于决定闭市时净收益或损失的官方价格；(2) 根据合同金额所支付的款项。

空头回补：反向操作或了结卖空头寸。

空头：卖出现金商品、商品期货合约或其他金融工具的人。反之，多头就是买入现金商品或期货合约的人。

滑移价差：交易价格估值和实际成交支付值之间的差价，一般是由于价差变化引起。

投机商：试图参与价格变化并从金融工具买卖中获利的人。

随机指数：技术性动能指标，用于比较商品、证券或期货合约的收盘价和一定时期内的价格幅度。

止损限价指令：一旦达到特定价格，就变为限价指令的指令。

止损指令或止损：只有在股票或商品达到客户指定的价格时，才被激活变为有效订单的休眠订单。抛盘止损低于市价，买盘止损高于市价。

行权价：投资人能够买卖期权标的金融工具的特定价格。期权合约约定的汇率、利率或市场价格。

供应：消费者能够买到的货物或服务总量。

技术分析：分析市场的一种方法，是根据算术形态预测市场价格的趋势。技术分析师通常研究价格范围的形态、变化率、交易量变化和未结权益，研究数据会通过图表表现，显示作为未来价格可能走势指标的趋势和形态。

基点：证券、期货或其他金融工具价格上行或下降的最小值，亦称为点。

交易人：代表投资人或为自己账户商谈价格并执行买卖指令的个人。

交易系统：根据预先确定的指标和其他标准所显示的屏幕信息买卖股票的方法。

跟踪止损：按照预先确定的价格退出交易的指令。跟踪止损在市场有利交易人时，按照确定的量，一个基点一个基点地跟踪股票，以保证获益不会变为亏损。

交易成本：（1）谈判、监督和履行合同的费用；（2）执行金融交易的总成本。

趋势线：连接趋势中一系列最高点或最低点的线。趋势线可代表支撑线（积极趋势线）或阻力线（消极趋势线）。

波动率：（1）预计汇率在一定时期内波动的量；（2）根据一段时间的每日价格表现所确定的商品价格上升或下跌的量。

交易量：在特定时期内合约、股份或其他金融工具的交易数量。

投资收益：投资的年回报率，以分红或利息形式支付，以百分比表示。

舵手证券图书，智引未来

同花顺量价分析实战精要
（同花顺炒股实战精要丛书之一）

◎成交量与股价关系：成交量是动力，股价走势是方向

◎同花顺4组特色技术指标和32种经典选股法在实战中的运用

同花顺技术分析实战精要
（同花顺炒股实战精要丛书之三）

◎技术是刀，操作在人，从技术形态和趋势指标识别主力

◎同花顺5组特色技术指标分析和71种K线形态详解MACD、KD、BIAS、BOLL、RSI等常见技术指标与软件结合

同花顺盘口技法实战精要
（同花顺炒股实战精要丛书之二）

◎盘口是金，精准识别内盘与外盘，看清主力资金流向与意图

◎同花顺4组特色盘口指标分析和6类核心技术解密

同花顺分时技法实战精要
（同花顺炒股实战精要丛书之四）

◎分时是K线的脉动线，分时定突破，分时看反转

◎同花顺特色分时指标与16种常见分时图解析

◎分时图上12组经典买卖关系与12组形态操盘技巧

微信扫码
畅读折扣好书

跟随"投机之王"利弗莫尔的步伐，盈在金融市场

套装包含书籍：

《股票大作手回忆录讲解（全译注释版）》
《股票大作手操盘术（全译注解版）》
《股票大作手回忆录》（舵手精译版）
《股票大作手操盘术》（舵手精译版）
《大作手利弗莫尔操盘心法：信心勇气等待》
《杰西·利弗莫尔的疯狂一生》
《股票大作手回忆录》

微信扫码
畅读折扣好书

套装简介：

　　杰西·利弗莫尔是华尔街传奇人物，《股票大作手回忆录》《股票大作手操盘术》这两本书完整阐述了他的投资理念和技巧。由于原著写于近100年前的美国，其内容对于大多数读者来说过于生涩难懂，更不易应用于当前中国股市实战。为此，华人利弗莫尔研究专家齐克用先生，在对原著进行精心翻译的基础上，增加了导读、案例、操盘逻辑、重点摘要、注解等内容，帮助大家更好理解利弗莫尔的操盘逻辑和技巧。